しまのいずみ

—仔馬たちの独立自尊法を探って—

大島　誠一
元慶應義塾幼稚舎長

泉文堂

序文

平成三〇（二〇一八）年三月末、これまで多くの先輩方の定年退職を見送ってきましたが、「とうとう」というか、「やっと」というか、自分の定年退職を迎えることになりました。

振り返れば、昭和五二（一九七七）年三月に大学院を修了してすぐ幼稚舎の担任教諭として四月から勤め始めて、四一年が経ってしまいました。

その間、学級担任として52年E組、58年E組、89年E組、93年K組、02年K組、そして08年K組と六クラスを受け持ちました。受け持った子どもたちが幼稚舎を卒業する際に「六年間ありがとうございました。楽しかったです！」と異口同音に語ってくれましたが、担任としては「こちらこそ、このクラスの担任をさせてもらえてありがとう！」という感謝の気持ちでした。

クラス替えがなく、六か年担任持ち上がり制という特異な教育システムの幼稚舎で担任として過ごせたことは、教員としても、さらに人としても、ありがたく幸せなことでした。

思い起こせば、定年退職される内田英二先生の後任として、しかも内田先生が舎長として最後の人事で採用してくださいました。今日我が身があるのも内田先生のお陰であり、ことばに尽くせぬご恩があります。さらに、内田先生が務めておられた舎長まで自分が務めることになるとは、なんと不思議な縁《えにし》かと身震《みぶる》いする思いがしました。

「悲喜交々」といいますが、まさに様々な事柄が入り交じった四一年でした。もちろん辛いことや苦しいこと、悲しいこともありましたが、遥かにそれを上回る喜びや嬉しさ、楽しさを味わうことができました。

四一年お世話になった慶應義塾幼稚舎に、万感の思いを込めて感謝致します。

主事（教頭職）、そして舎長（校長職）時代に「仔馬」や「幼稚舎新聞」に寄稿した文を退職後にまとめたものが本書です。

内田英二先生、そして大学院時代の恩師三笠乙彦名誉教授の墓前に本書を捧げて、ささやかながら御恩への感謝の気持ちを表したいと思います。

令和二年一月吉日

大島誠一

目次

第二部 「幼稚舎新聞」編 (1)

目　　次

第三部「幼稚舎新聞」編(2)

目　　次

第一部　「仔馬」編

1 「子どもの独立自尊法」再考

―幼稚舎生に示した福澤諭吉先生の書を通して―

◇はじめに

幼稚舎に、福澤諭吉先生直筆の書があります。この書を楷書で表すと、次のようになります。

今日子供たる身の独立
自尊法は唯父母の教訓
に従て進退す可きのみ
明治三十三年七月十三日　幼稚舎生に示す ㊞

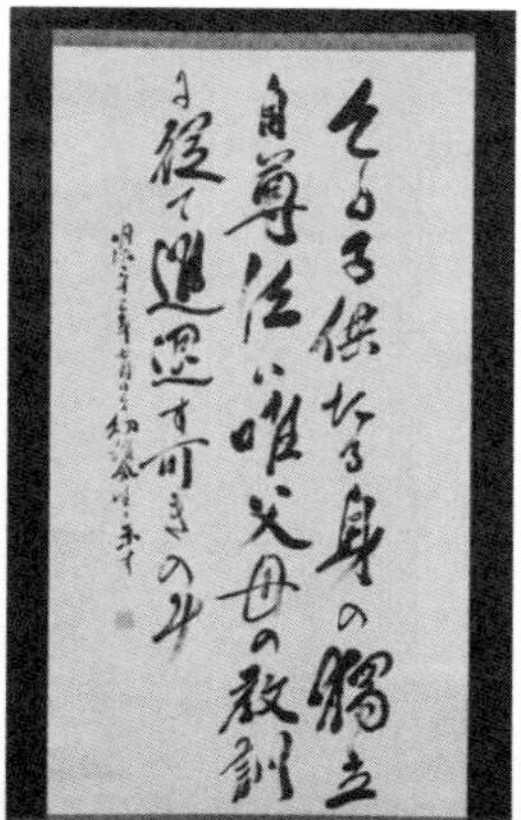

「幼稚舎生に示す」とあるように、この書は幼稚舎生に与えられたもので、その内容は幼稚舎生に対

する福澤先生の訓辞です。この訓辞は、もとより小学生たる幼稚舎生に示されたものですから、表現は平易で、意味も読んで字のごとくです。すなわち、「今日、子ども（幼稚舎生）が独立自尊という処世訓を身につける方法は、もっぱら父母の教えに従うことである」といった意味です。今でもこの書は、毎年、入学式と卒業式に自尊館の壇上上手奥に掲げられていますが、百年以上も前の訓辞ですから、封建的だと感じたり、時代にそぐわないのではないかと思うむきがあるかもしれません。

たしかに、古代中国において東方の大国・斉の桓公をして春秋時代の覇者たらしめた名宰相・管仲が言ったように、

「倉廩実則知礼節、衣食足則知栄辱」[1]

という現実であれば、ことさら「父母の教訓」を強調する必要もないでしょう。しかし、残念ながら現実は管仲の意図に反して、

「倉廩実則失礼節、衣食足則忘栄辱」

とでも言うべき逆説的な現象を呈しているように思えます。それは孟子が、

「飽食煖衣、逸居而無教、則近於禽獣」[2]

と指摘し、社会科学の泰斗マックス・ヴェーバーが、二十世紀の資本主義の行く末に

「精神のない専門人、心情のない享楽人」[3]

の跋扈《ばっこ》を予測しましたが、二人の危惧はまさに現実のものとなっている感があります。「無教」、すな

わち「徳育を為さなければ」「精神」が醸成されず、「心情」も育たないということでしょう。そういう現実を踏まえて、冒頭に挙げた福澤先生の訓辞を改めて捉え直してみると、二十一世紀を迎えた現代においてもなお色褪《あ》せず、それどころかなおさら光芒《こうぼう》を放っているようにすら思えます。

ここでは、「独立自尊」と「父母の教訓」という二つの視点からこの訓辞を捉え直して、子どもの独立自尊法について改めて考えてみたいと思います。

◇認《したた》められた経緯と背景

福澤先生がこの書を認めた経緯については、明治三十四年二月三日発行の「時事新報」(第六一八一号)に、当時の幼稚舎長森常樹が書いたと思われる「慶應義塾幼稚舎の教育」と題した記事の「修身の事」という項に詳しく記されています。

昨年夏休みの時分に一同が福澤先生にお目に掛かりたいと申したところが自から出て来られて「皆に話をしたいけれども、病後で未だ多数の者に向つて話をするのは困難だから話さうと思ふことを書いて来た」と言つて左の訓辞を示されました

今日子供たる身の独立
自尊法は唯父母の教訓
に従つて進退す可きのみ
明治三十三年七月十三日　幼稚舎生に示す(4)

この記事を掲載した「時事新報」が発行された明治三十四年二月三日は、奇しくも福澤先生が亡くなった日でもあります。すなわち、福澤先生は一月二十五日に脳溢血症を再発し、手厚い治療と看護の甲斐なく、二月三日午後十時五十分、ついに不帰の人となりました。享年六十六歳でした。

福澤先生は、明治三十一年九月二十六日に脳溢血症で倒れ、幸いにも大きな後遺症もなく、十二月にはほぼ回復していたといいます。「時事新報」記事の中の「病後」とあるのはそのことをいっているのであり、ほぼ回復したとはいうものの、身体に負担をかけないように過ごしていたので敢えてそのように表現したのでしょう。そのような状況の中で、この書が認められたのです。時に明治三十三年七月十三日、亡くなる七か月ほど前のことでした。

では、幼稚舎生に対して、福澤先生はなぜこのような内容の訓辞を認めたのでしょうか。その経緯についても、先の「時事新報」に詳しく記されています。

修身要領を世間に発表して以来、猫も杓子《しゃくし》も独立自尊を口にするやうになつたが子供には決してさういふことを、そのままに、教へてはいけない、あれはチャンと立派に思想の固まつた者が一身を処する上のことで、幼い子供が独立自尊などといふことを其文字通りに頭に持つて居て親の命令にも従はない教師の教訓をも守らないなどと云ふことになッては以ての外の事である苟《いやしく》も此邊の意味を誤解せざるやう注意せよとの話でありました(5)

これを補足して現代語に直せば、次のようになるでしょう。

明治三十三年二月二十四日に慶應義塾が三田演説会で「修身要領」を発表し、塾生一般に公示して以来、誰も彼もが「独立自尊」を口にしている。しかし、子どもには決して「独立自尊」ということばをそのまま教えてはいけない。「独立自尊」とは、きちんと立派に自分自身でものごとを考えることのできる人が考え、行動する際の心構えであって、年端も行かない幼い子どもまでが「独立自尊」などということをその文字通りに受け取って、親の言いつけにも従わず、教師の教えをも守らないなどということがあってはいけない。かりにも、このような意味を誤解しないようにしなさいとのお話でした。

このような経緯と背景の下に、明治三十三年七月、福澤先生は幼稚舎生に対して冒頭に挙げた書を認めたのです。

◇「独立自尊」の意味

そもそも、「独立自尊」とはどういう意味なのでしょうか。「独立自尊」ということばはあまりにも有名ですが、その意味を的確に捉えているかといわれると甚《はなは》だ心許《こころもと》ない気がします。そこで、「独立自尊」を辞典で調べてみました。『広辞苑』には次のように載っています。

どくりつ・じそん【独立自尊】独立して世に処し、自己の人格と威厳を保つこと。(6)

わかるようでもありますが、語彙が難しく、明解とは言えません。そこで、さらに「独立」と「自尊」について調べてみました。

どくりつ【独立】①それだけで立っていること。(イ)単独で存在すること。(ロ)他にたよらないこと。他に束縛または支配されないこと。ひとりだち。②(イ)一国または団体が、その権限行使の能力を完全に有すること。(ロ)個人が一家を構え、生計を立て、私権行使の能力を有すること。(7)

「独立自尊」の「独立」の意味としては、①（ロ）の「他にたよらないこと」、「他に束縛または支配されないこと」がもっとも適切でしょう。福澤先生が『学問のすすめ』（一八七二年）を著したのも、無知蒙昧であるがゆえに人の風下に立たされて卑屈な習性を備えてしまうことをおおいに憂い、広く国民が学問を志して知識を身につけて、人に頼らず、束縛や支配を受けない人格を形成してほしいと願ったからにほかなりません。

さらにその精神は、続く「自尊」に受け継がれています。

じそん【自尊】①自ら尊大にかまえること。うぬぼれること。②自重して自らの品位を保つこと。「独立—」。—・しゅう【自尊宗】福沢諭吉が主唱した独立自尊の主義。—・しん【自尊心】自尊の気持ち。特に、自分の尊厳を意識・主張して、他人の干渉を排除しようとする心理・態度。プライド。(8)

もちろん、福澤先生の意図するところは「自重して自らの品位を保つこと」にほかならず、ましてや「自ら尊大にかまえること」や「うぬぼれること」などという意味合いでの「自尊」は福澤先生がもっとも忌み嫌うところでしょう。しかし、ややもすると人は自らを省みず夜郎自大に陥りがちであり、自らを戒める心をしっかり育んでおかないと危ういといえましょう。

このように「独立」と「自尊」を調べてみると、「独立自尊」の意味が自ずと見えてきます。

「独立自尊」とは、「人に頼らず、また人に束縛あるいは支配されることなく、自分の行いを慎《つつし》んで軽々しくふるまわず、自らの品位を保つこと」と言えるでしょう。

さらに、「独立」しようと志すには自重して自ら品位を保つという「自尊」の心がなければならず、また「自尊」の心は、人に頼らず、人から束縛や支配を受けないという「独立」の気概がなければなりません。「独立自尊」は、「独立」と「自尊」が互いに支え合う関係にあり、両者の均衡がとれて並立している有様を表しているのです。

具体的には、経験に裏づけられた確かな知識を持ち、他者に対する思い遣りや優しさという情を豊かに内包し、知と情にしっかり支えられた強い自律的意志を備えることでしょう。古来、知・情・意は、人格を形成する三つの要素といわれています。(9) 知・情・意がほど良く整って鼎立《ていりつ》していることが求められてきたのであり、その調和して鼎立した精神の有様を言い表したことばが「独立自尊」だといえるでしょう。人が人として存在するための精神的規範を示しているのです。

◇「独立自尊」の基は「真似び」

それでは、経験に裏づけられた確かな知識を持ち、他者に対する思い遣りや優しさという情を豊かに内包し、知と情にしっかり支えられた強い自律的意志を備えるためには、どうしたらよいでしょうか。

まず、人に頼らず、自己の威厳を確立するためには知識を蓄えなければならず、そのためには学ばなければならないということです。

「学ぶ」ということばには、和語としての「まなぶ（真似ぶ）」と漢語としての「學ぶ」の意味が渾然と含まれています。「まなぶ」という和語は、「真似《まね》ぶ」に由来します。すなわち、「真似る」ということであり、字義のとおり真（ほんものや手本）に似るように模倣するということです。語源としては「ならふ（習う）」に遡《さかのぼ》り、さらに「なる・なれる（馴る・馴れる）」に至る系譜があります。「まねる」の本質は、「ならう」、「なれる」ことにあるのです。(10)

真似た結果として、たとえば、ひらがなを習っても、字の本質は変わらなくとも、しばしば字形にその学習者の個性とか癖が現れることがあります。しかし、「真似る」という行為は、習う者や学習者の恣意や個性などとは関係なく行われるし、また無関係に行われなくてはなりません。学習者の恣意で、「O（オ）」を「あ」と書いたり、あるいは1＋2＝12と計算したり、12を102と表記したりすることは許されません。

学校教育の初歩段階、すなわち初等教育においては、この「ならう」「まねる」「なれる」ということが中心です。すなわち、読み書き算数を習い、真似て、習熟するということです。

大正時代の洋画家岸田劉生は、『図画教育論』（改造社、一九二五年）の中で、図画教育について論じながら、「まなび」について次のように述べています。

学ぶということはまねぶということである。長を真似するのは進化の意志である。学ぶ、この言葉の意味は真似て己れを立つることである。真似んが為に学ぶのではなく、真似て己を立て己を活かさんが為に学ぶのである。独創といふ事を喧しく言ふけれども、模倣といふことは一面又独創の半面であるといふことも言へる。(11)

すなわち、「学ぶ」は「真似ぶ」ということであり、「学ぶ」とは「真似て己を立つること」であり、「真似て己を立て己を活かさんが為に学ぶのである」と岸田は述べています。図画教育について述べたものですが、「まなび」を考える上でも非常に示唆に富んでいるといえるでしょう。

さらに、数学界のノーベル賞といわれるフィールズ賞を受賞した数学者の小平邦彦は、

初等教育の第一義は、何よりもまず大人の真似をすることを教えることにあると思う。(12)

と述べています。

先にも述べたように、福澤先生が『学問のすすめ』を著したのも、無知蒙昧であるがゆえに人の風

下に立たされて卑屈な習性を備えてしまうことをおおいに憂い、広く国民が学問を志して知識を身につけて、人に頼らず、束縛や支配を受けない人格を形成してほしいと願ったからにほかなりません。人に頼らず、また人から束縛あるいは支配されることなく「独立」を志そうと思えば学ばなければならず、自分の行いを慎んで軽々しく振舞わず、自らの品位を保つべく「自尊」の心を持とうとすればやはり学ばなければならないのです。「独立自尊」の人たらんと欲すれば学問をしなければならず、学問を身につけるためには真似びから始めなければなりません。「独立自尊」は「真似び」から、ということなのです。

◇模倣は独創の基

真似・模倣と独創・創造との関係について考えてみましょう。
先にも紹介した岸田劉生は、模倣は手段であると述べています。

模倣は独創の始まりといへる。(13)
飽までも模倣は目的にあらずして手段である。それは独創が目的でなくて手段であるやうに、否よりも更にもつと手段である。(14)

模倣という手段によって身につけた知識や技能があってこそ、創造と工夫を凝らす独創的な創造活動ができるのです。さらにその創造活動は、活動することに生き甲斐を感じることはあっても、活動そのものが目的というわけではなく、自己を表現するための手段なのです。岸田の言わんとすることはそういうことでしょう。

真似や模倣ばかりでは独創が育たないという指摘がありますが、「手本を越えてこそ真の〈真似〉」という例を紹介しましょう。

天才作曲家といわれるモーツァルトの『レクイエム　ニ短調』（K 626）は、彼の最高傑作の一つに数えられる名曲です。ところが、『天才の勉強術』（新潮選書、一九九四年）の「〈真似〉の天才モーツァルト」において、著者の木原武一は、モーツァルトの『レクイエム』が、ヨゼフ・ハイドンの弟ミヒャエル・ハイドンの『レクイエム』の「真似をしていることはまぎれもない事実である」(15)と指摘しています。

しかし、木原は、二人の『レクイエム』を聴きくらべて、次のように述べています。

モーツァルトの『レクイエム』のほうがはるかに深く人びとの胸にせまり、忘れがたい印象を残すことも否定しがたい事実である。たしかに、ミヒャエル・ハイドンの楽想がなければ、現存するモーツァルトの『レクイエム』はありえなかったであろうし、あるいは、まったく別のレクイエムを作曲していたかもしれない。しかし、興味深いのは、モーツァルトがハイドンのアイデアを借用して、明らかにそれと似ているとわかりながら、それよりもはるかにすばらしい曲に仕上げていることである。真似をしながら、手本をこえているのである。……この、他人の音楽を模倣しながら、はるかにそれをこえてモーツァルト独特の音楽をつくりあげてしまう能力こそ、実は、モーツァルトの「天才」なのである。(16)

現代の代表的なモーツァルト学者アルフレート・アインシュタインの表現を借りるなら、次のように言えるでしょう。

モーツァルトの《剽窃《ひょうせつ》》は、剽窃という概念の無意味さを明らかにする比類のない例である。なぜならクレメンティにあってまさしく注目すべき思いつき……以外のなにものでもないものが、モーツァルトにあっては内容充実し、多声音楽的処理と多声音楽的体験によって高度に象徴的となり、永遠の領域のなかに高められたのである。(17)

すなわち、模倣したものに基づいても、「奔放自在に自己の創造力を展開」(18)させ、〈模倣〉を越えることのできた〈真似〉が真の〈真似〉であり、独創であるということでしょう。

さらに、「学び」について言及した木原武一の指摘は、一層示唆に富んでいます。

ここであらためて考えておきたいのは、ものを学ぶとはどういうことなのかということである。まなぶ、とは、まねぶ、である。まねぶとは、真似をするということである。つまり、ものを学ぶということは、真似をすることでもある。…（中略）…真似とは、「真」に似ることである。「真」とは、先生であり、手本のことである。しかし、生徒が先生をこえることもある。手本よりすばらしいものをつくることもある。いわゆる「出藍のほまれ」である。モーツァルトの「真似」は、単なるコピイではなく、もちろん「出藍のほまれ」のほうである。「真似」は手本をこえてこそ、真の「真似」である。そういう意味で、モーツァルトは「真似」の天才であったと言うことができるのではなかろうか。(19)

岸田劉生も同様の指摘をしています。

真の模倣は必ず独創を産むに至ると同時に、真の独創は必ず伝統を有つ。(20)

もう一人、天才といわれる画家を紹介しましょう。パブロ・ピカソです。ピカソは、新しい芸術に挑戦し、創造し続けた二十世紀最大の画家として称えられています。ナチス・ドイツ軍による爆撃に抗議して制作された『ゲルニカ』に代表されるように、ピカソというと立体主義（キュービズム）や超現実主義（シュールレアリズム）の画風という印象が強いが、イギリスの美術評論家で、ピカソについての優れた伝記を著したローランド・ペンローズによれば、美術学校の教師をしていた父親から徹底的にデッサンの訓練をさせられたといいます。

しばしば彼〔父親のドン・ホセ〕は、ほんものの〔死んだ〕鳩の脚を切断して、望み通りの位置にそれをピンでとめると、パブロを呼んでそれを写させたのである。(21)

先にも紹介した『天才の勉強術』において、著者の木原武一は次のように述べています。

ピカソの回想によると、父親は死んだ鳩の足を切って、板にピンでとめ、それを納得がいくまで細かく写生させたりしたという。また、人間の手の写生をことのほか重視して、手のデッサンを見れば、画家の腕前がわかる、と教えていたという。ピカソの絵で手が表情ゆたかにことさら強調されて描かれているのも、父親の教育の影響によるものにちがいない。もちろん、美術学校でのピカソの成績はほとんどいつも最優秀だった。

こうして父親による教育は続くが、彼がとくに重視していたのはデッサンである。デッサンがきちんとできるまでは、絵具を使ってはいけないと教えられていたピカソは、「私ほどデッサンの練習を積んだ者

はいないだろう」と言っている。(22)

少年時代のピカソは、毎日毎日、絵画の基本であるデッサンを描き続けていたのです。デッサンとは被写体をそっくりそのまま模倣して写し取る技術であり、ピカソはデッサンという〈カタ〉の技術を徹底的に身につけていったのです。

こうして確かなデッサン力を身につけていったピカソの力量は、いかほどのものだったのでしょうか。ピカソが十四歳のときに描いたドン・ラモン・ペレス・コスタレスの未完の肖像画と、同時期に描かれた少女の肖像画について、ペンローズは次のように述べています。

筆の運びには何らの遅疑の跡も認められず、その出来栄えは、多くの画家たちが生涯の最良の作として満足するに違いないと思われるほどのものであった。また最も印象深い作品は、……蓬髪裸足の若い娘の小品である《裸足の少女》。筆触は清新的確で、顔の描き方はスルバランを思わせるような強い調子とコントラストを持っている。……その作品はきわめて感受性に富んでいて、最もアカデミックな芸術批評家にも感銘を与えずにはいないようなものである……。(23)

このように、すでに十代半ばにして、ピカソの写実力は一流の域に達していたのです。

こうしたピカソのデッサン力について、「教」に偏り、「育」の大切さを忘れかけている日本の教育のあり方に警鐘を鳴らした元ソニー会長の井深大は、著書『あと半分の教育』（ごま書房、一九九一年）で次のように述べています。

ピカソの絵は一見、だれにでも描けそうに思えるかもしれません。しかし、ああした芸術性豊かな絵は、じつは同時代のだれよりも卓越したデッサン力を持っていたピカソだったからこそ描けたものなのです。自由な個性が躍動するようなピカソの絵の背後に、来る日も来る日もくり返して〝カタにはめる〟ような練習を重ねて身につけた、確かなデッサン力があった事実を忘れてはなりません。(24)

真似や模倣は単調でおもしろさに欠けることも事実です。しかし、どんな分野においても真似や模倣によって基礎・基本を身につけなければ一人前になることは覚束ないでしょう。何事も、基礎・基本を身につけなければ始まらないし、その習得の途上では厳しくつらいこともあるでしょう。ところが、真似や模倣をする過程で身につくものは、基礎・基本の知識や技能だけではありません。それらを習得する過程においては、忍耐力や持続力、集中力が要求されるし、また習得する過程を経るうちに自ずとそうした力が養われます。これらの耐性能力は、何事を為すにあたっても必要であり、生きていく上で欠かすことのできない能力です。

学校教育の学習において、習い覚えるという暗記や反復練習を害悪のごとく嫌悪する風潮が一部にありますが、かなや漢字を覚えたり、整数や小数、分数のたす・ひく・かける・わるという四則計算を身につけるには、繰り返し練習することによって覚えていくことがどうしても必要です。読み書き算数において、真似や模倣を嫌い、反復練習を疎かにしていては基礎学力が身につかず、ましてや総合的な学習などを行うことは難しいでしょう。

数学者の小平邦彦は、数学においてもその基本が数の計算技術の訓練であることを指摘しています。やや長い引用になりますが、非常に示唆に富んでいるので紹介します。

理屈抜きの機械的な訓練が、初等教育の最も重要な部分を占めているのではなかろうか？　…（中略）…創意を生かして楽しく学ばせることに重点を置くあまり、基本的な機械的訓練をないがしろにする傾きがあるのではなかろうか？　音楽にせよ、絵画にせよ、すべて技術といわれるものを修得するには機械的訓練が不可欠である。

一般に数学は厳密に論理によって構成された学問であって、論理と同じではないとしても大体同じようなものである、と思われているが、私の見る所では、数学は高度に感覚的技術的な学問であって、数学を修得するには技術的な訓練が不可欠である。……数学における技術で基本的なのは計算の技術であって、その基礎となるのが小学校の算数で学ぶ数の計算である。

数の計算を教えるにはその原理を理解させなければならないが、技術というものは不思議で、原理を理解しただけでは駄目である。……計算が自由に出来るようにするには、同じような計算問題を繰返しやらせる機械的技術的な訓練が不可欠である。小学校の算数で最も重要なのはこの計算の練習である。(25)

さらに、「すべて技術と言われるものには、理外の理とでもいうべき不思議な所がある。この理外の理は多年の経験に基づく古人の知恵であって、浅薄な理屈によってこれを変えるのは極めて危険である」(26)とも述べています。

何はともあれ、知識や技能を身につけるためには、真似て、模倣して〈カタ〉にはめるという練習を怠ってはその後の発達は覚束ないといえるでしょう。

◇「父母の教訓」が子の規範

一九九九年の秋に、日本、韓国、アメリカ、イギリス、ドイツの五か国の小中学生を対象に文部省（現在の文部科学省）が行った「子どもの体験活動等に関する国際比較調査」によれば、「きちんと挨拶する」「弱い者いじめをしない」「うそをつかない」「先生の言うことを聞く」といった生活規律や学校生活の基本的なルールについて子どもが親から言われている割合は、どの項目においても五か国の中で日本が最低であることがわかりました。(27) 日本の子どもは親からほとんど躾けられていないということです。

そうなると、親から躾けられていない子どもより、子どもを躾けない親の方に問題があるのではないでしょうか。

そこで、子どもを躾けない親の事例を二つ紹介しましょう。

映画監督の大林宣彦は、著書『なぜ若者は老人に席を譲らなくなったのか』において次のようなエピソードを紹介しています。

ある初夏の昼下がり、著者は電車に乗っていました。ふと目の前を見ると、若い母親と三歳ぐらいの男の子が座っていました。男の子は、腕白盛りの子どもがよくやるように、靴を履いたまま、車窓の側に顔を向けて熱心に外の景色を眺めていました。

そのときです。子供の靴が隣にいたご老人の白いズボンとピカピカのソフト帽に触れ、はっきりとわかるぐらいの汚れがついてしまいました。その子は自分の靴が隣のおじいさんの服を汚したのに気づいたようです。しかも、それに気づいた瞬間、「しまった」とでも言いたげな表情を浮かべ、バツが悪そうに俯いてしまいました。…（中略）…

ぼくはその様子をじっと見ていました。すると、その子がふと目を上げました。そして、ぼくと目が合い、何か言いたそうにしていました。…（中略）…ぼくは彼の言いたいことを代弁して「うん、そうだね。おじいさんが目を覚ましたらきちんと謝ろうか?」と言うと、彼は素直に「うん」と頷いたのです。

するとと母親が、突然、ぼくの方に目を移し「人の子に勝手なことをしないでください」と言いました。母親とはいえ、まだまだ若者に近い年齢です。今時の大人と一言で片付けるとしたら、これもまたよくある話なのでしょう。

驚いたのは、この先です。

目の前の幼い子供が「お母さん、どうしてぼくを叱らないの?」と尋ねたのです。…（中略）…

彼自身は事の善悪をしっかりと認識していたのです。(28)

『子どもの感性を育む』において著者の片岡徳雄広島大学教授が紹介しているエピソードも、電車内の出来事です。

そのとき私は、東京のJR中央線の車内で、シートに座って軽い本を読んでいた。とつぜん電車がガタンと揺れ、網棚の荷物が手にした本をかすめて落ちた。前に立つ母と娘とおぼしき二人の物とみえて、二人はこれを棚に上げたが、この後なんの会釈も挨拶もない。乙にすまして吊り革を手にしたまま。私は唖然として二人を見た。娘は制服を着た高校生で、羽織をはおった母親はなんの宝石か、指輪がやけに大きかった。

するとと、母親が娘をのぞきこみ、聞こえよがしに言った。

「べつに、あなたが落としたっていうわけじゃないでしょッ」

（うーん、たしかにそう、そうなんだが……）

一般に、日本人は「すみません」を言いすぎる民族だと言われている。しかし、人と人の最も基本的な関係を示す謝罪と感謝の言葉――「すみません」と「ありがとう」――を忘れるようでは、日本の社会もおしまいである。少なくとも、この二つの言葉を、母が娘に、親が子に、伝え教えることが忘れられつつあるのかもしれない。(29)

右の二つのエピソードは稀な事例と思いきや、親が子どもを躾けられなくなっている傾向は最近の資料からも明確に読み取ることができます。

家族観に関する読売新聞社の年間連続調査「日本人」によると、「子どものしつけをきちんとできなくなってきている」という項目に対して、「そう思う（「どちらかといえばそう思う」を含む）と回答した割合はなんと87・8％にも達しています。さらに、「家族の〈きずな〉や〈まとまり〉は？」という問いに対して「強くなっている（「どちらかといえば強くなっている」を含む）という回答はわずか9％にしかすぎず、「弱くなってきている（「どちらかといえば弱くなってきている」を含む）」と答えた割合はなんと89％にも達するといいます。[30]

古来から人々は、知識や技能の基礎・基本を身につけるために〈カタ〉にはめる訓練を積み重ねてきました。他方、先人は、家族や社会という人間集団の中で生きていくための知恵を長い時間をかけて規範という〈かたち〉に作り上げてきました。その中でも、善悪の区別は古くから人々のもっとも重要な課題の一つであったと思われます。明らかな〈悪〉は法律にまとめられ、徐々に整備されてきました。しかし、一概に法で括《くく》りきれないものがあり、それらが〈かたち〉として何世紀もかけてまとめられてきました。日本では卑怯や恥などを〈悪〉とし、誠実、慈愛、勇気、忍耐、礼節、名誉、年長者への敬意、親孝行などを〈善〉とする〈かたち〉が形成されてきました。「どれも法律で括ることが難しく、しかも驚くべきことに論理的とは言いにくいものばかりである。」[31]

第二次大戦以前、これらは、修身や読本《とくほん》などの教科書を通して、あるいは家族や地域の古老などおとなの話を通して子どもたちに示されてきました。

戦後、上からの一方的な押しつけは非民主的で、論理的でないことは教育にそぐわないとして、論理的に説明のつくことを教えるようになりました。さらに、人権の問題が学校や家庭に浸透し始めると、ますますその傾向を強めていきました。その結果、古人が営々と築いてきた〈かたち〉が欠落して、〈善〉としてきたことが失われていきました。近年、家庭や学校、さらには社会で子どもたちによって引き起こされているさまざまな問題は、〈善〉として考えられてきた〈かたち〉の伝承が途絶しつつあることを暗示しています。

「子どもの発見」の思想が社会全体の教育意識として広がり、一つの社会意識として現実的な機能を果たし始めた十九世紀以降、子どもへの愛情と教育的配慮、おとなと子どもの隔離を特徴とする「近代的子ども観」の下で、子どもは幼児期から思春期までを「子ども時代」として過ごし、家庭や社会において親やおとなとは区別され、保護・養育されてきました。おとなは、子どもをおとなの世界から隔離し、意識的に現実の生活を子どもに隠すことによって、子どもが社会の荒波に揉まれることなく「子ども時代」に子どもでいられるように配慮してきました。子どもが純真無垢で、無邪気に「子どもらしさ」を十分に発揮できたのは、おとなの現実世界から隔離された「子ども時代」があったからです。すなわち、子どもは、おとなの人権の浸透を〈家族〉という堤防で塞ぎ止めたところで成長してきたのです。

ところが、その〈家族〉が個人と社会のはざまで大きく揺れ動き、おとなの人権の浸透から子どもを護る〈家族〉という堤防に亀裂が生じて決壊の危機に瀕しています。

第二次大戦後、近代化の過程の中で産業の生産形態が急激に変わり、社会が大きく揺れ動きました。家族は規模が縮小してその形態も変化し、それに伴って家族の機能も低下し、果たすべき役割は急速に減少し、縮小してきたといわれています。すなわち、職住分離によって生産という機能が失われ、人の生と死を看取る機能が失われ、子どもを教育し社会化する機能も低下してきています。「現代の家族にはいったいどれだけの機能が残されているのか?」と疑問を投げかける声もあります。このような家族の機能の変化を「家族崩壊」の兆しとみる識者もいます。激増する離婚などによって変貌し、多様化したアメリカの家族―その有様を「バーチャル・ファミリー 'virtual family'」と呼ぶ識者もいます(32)―を見ると、確かにそのようにも思えます。それに対して、フランスの教育学者ジョルジュ・スニデルスは、家族のもつ機能―生産・消費・出産・死・教育など―が確かに低下しているとはいうものの、それを「家族崩壊」というより、「家族の特殊性が増したものとみる方がはるかに正当におもわれる」(33)と論じています。スニデルスは、家族の変貌を、家族が他の社会的諸集団でも担うことのできる役割は他に委ね、家族にしか果たせない固有の役割に集中する傾向が進行しつつある過程と見做しているのです。

二十一世紀を迎えた今日においても、一般に、生殖・経済・保護・教育・保険・慰安・愛情などが家族の機能として挙げられます。多くの専門機関が発達した現代社会においても、家族に残された機能は決して少なくないし、残された機能のどれ一つをとってみても、いずれも重要なものばかりです。特に、子どもの幼少期における保護・養育と社会化の機能は重要です。

人間は豊かな潜在的可能性を持ってはいるものの、実際には極めて無力な状態でこの世に生まれてきます。(34) この肉体的・精神的・社会的に無力な子どもの福祉に対して、ほぼ全面的な責任を負っているのが父母であり、家族です。子どもは、家族を選択することはできず、いわば運命としてそれぞれの家族の中に生まれてきます。この運命としての家族の中で、子どもは肉体的・精神的に手厚い保護・養育を受け、人間としての発達と基礎的な社会化や人間形成が行われます。学校は知的・社会的な教育を主目的とするものであり、学校に入学した後も子どもの生活の基盤は依然として家庭にあります。

アメリカの社会学者タルコット・パーソンズは、家庭の機能のうちで、基本的かつこれ以上減らすことのできないものとして、第一に「子どもが真に自分の生まれついた社会のメンバーとなれるよう行われる基礎的な社会化」(35)、そして第二に「社会の人びとのうち成人のパーソナリティの安定化」(35)を挙げています。多くの重要な機能が家族から分離して、他の専門機関に委ねられるなかにあっても、この二つは家族にしか果たし得ない機能だというわけです。そしてその家族の核が夫婦であり、子の父母なのです。

それにもかかわらず、先に紹介したような状況が進行しています。人を人たらしめているものは、知性であり、理性であり、そして徳性です。これらが欠落すれば、まさに孟子の言う「禽獣」と変わらないということになってしまいます。誠実、慈愛、勇気、忍耐、礼節、名誉、年長者への敬意、親孝行など、人間にとって大切なことの多くは論理では説明しにくいものです。なればこそ、子どもが生まれたときから保護・養育してきた父母がこれらの徳性を身をもって教え諭していかなければなりません。

冒頭に紹介した福澤先生の訓辞は、子どもたる幼稚舎生に対して「唯父母の教訓に従つて進退す可き」ことを示したものですが、父母が「子供たる身の独立自尊法」の基礎である徳性の規範をしっかり示していきなさいということでもあり、父母に対する厳しくも温かい激励のことばなのです。

◇おわりに

人類の長い歴史の中で、いつの時代でも親やおとなが子に生きる術《すべ》を伝え、子を一人前の人とすべく氏族の伝統や文化、生活の規範を教えてきました。その教育は、生活に基盤をおいた〈産〉や〈養〉、〈育〉に重きがありました。すなわち、教育だったのです。それは、行為や触れ合い、ことばといった無文字性ともいうべき視覚的・感覚的・口伝的な伝達形態によってなされてきました。そこでは、〈見る〉〈聞く〉〈話す〉〈触れる〉〈嗅ぐ〉〈味わう〉など、五感を駆使することによって感性がおおいに磨かれていったのです。(36)

さらに、その教育の手段は、真似や模倣を主とした「真似び」にありました。子どもは「小さなおとな」と見做されると、一人前のおとなに一歩でも近づこうとして、氏族のおとなを手本として競って真似をしていきました。その〈競い合い 'emulation'〉(37)は、他人との〈競争 'competition'〉(37)ではなく、手本により近づき、到達しようとする「小さなおとな」たちの相互の励まし合いだったのです。さらにその過程では、手本であるおとなの知識や技能だけではなく、礼儀や作法などをも模倣しながら摂取していきました。そうした全人格的なものを段階ごとに身につけた「小さなおとな」は、その〈同業組合 'guild'〉社会の一員として徐々に是認されて、一人前の人になるべく自己を確立していったわけです。

すなわち、模倣し真似るという「まなび」を通して手本たるおとなの知識や技能を身につけ、それだけでなく、礼儀や作法、さらに人柄や性格をも摂取していったのです。その過程で、〈覚える〉〈試行錯誤する〉〈思う〉〈考える〉〈悟る〉という「学び」によって自己を形成していきました。「真似び」を通して既存の知識や技能という〈カタ〉の教育を行い、そうして徐々に身につけた知識や技能を基に、考え、試行錯誤しながら自己を形成していくことが、ヒトから人への成長、発達だったのです。「学ぶ」ためには、その基礎として模倣という「真似び」がなければなりません。「カタ」にはめる教育をすると創造性や独創性が育たない」と言われることがありますが、既存の知識や技能という基礎なしには、創造性も独創性も育ちようがありません。無からは何も生まれないのです。「自由に育てる」「伸び伸びと育てる」ということばを耳にしますが、〈自由〉も〈伸び伸び〉も人間社会の規律の中でこその〈自由〉であり、〈好き勝手〉という意味ではありません。(38) 現在使われている〈自由〉には〈好き勝手〉という意味合いが強く感じられてなりません。そういった〈自由〉は

〈放任〉と変わりません。〈放任〉では、ヒトは人に成り得ないのです。ヒトは人の〈カタ〉にはめる模倣・真似、すなわち「真似び」という他律によって自律を促し、自立した人に成っていくのです。一人前のおとなに成ることを意味する「人成る」ということばもそこから生まれました。

〈他律〉と〈自律〉は、二律背反し対立するものではなく、自律を目標としながらも既存の文化的遺産を「真似び」という他律によって為すという、子どもの、そして本質的に人間の成長・発達の過程の中にもともと含まれているものなのです。「真似び」と「学び」の関係は、「他律によって自律を促す」という人間の成長・発達の過程における有様を捉えたものなのです。人間は、自立するためにはまず己を律する自律を身につけなければならず、自律を身につけるためにはさらにその基礎として他律を身につけなければならないのです。

高齢化社会を迎えて、盛んに生涯教育の必要性が説かれていますが、もともと人間は、生まれてから死ぬまで「真似び」と「学び」―すなわち既存文化を摂取しながら思索すること―を繰り返して他律を真似びながら自律を身につけ、自立をめざしていく存在なのです。人は、「真似び」と「学び」の相互作用によって他律を基礎にしながら自律を身につけ、自立していく存在なのです。

他律を抜きにした自律は社会性に欠けるものといえます。社会性の欠けた自律は、独善的で、人間の社会の中では十分機能せず、調和し得ません。自己を主張することができたり、率直に表現できることは、確かに素晴らしいことだと思います。しかし、相手に対する思い遣りや礼儀、謙虚さに欠けた主張や表現は、単なるわがままでしかありません。時と所と場面（time, place, occasion）に応じたことば遣いや態度、行動などがとれることは、人としてとても大切なことです。そのためには、知識だけでなく、情が働かなくてはならず、知識と情が相俟って自律的意志を支えるようでなければなりません。その意味で、知識を単なる知識に留めることなく知恵として機能させるためには、思い遣りや優しさ、さらには誠実や慈愛、礼節、年長者への敬意…などの情（あるいは心性、徳性）を育まなければなりません。

作家の池波正太郎は、

現代《いま》は人情蔑視の時代であるから、人間という生きものは情智ともにそなわってこそ〈人〉となるべきことを忘れかけている。情の裏うちなくしては智性おのずから鈍磨することに気づかなくなってきつつある……。(39)

と述べています。

現代の〈非識字〉といわれる現象や学力低下も、その一因として知識を活かす情の裏うちの欠如が挙げられるのではないでしょうか。(40) 情の裏うちがあってこそ、知識が自己を、そして他者をも活かす知恵に成り得るのです。しかも、情は「人が人に伝える」ものであり、人の行動や有様でしか示し得ないし、また実際に経験したり感性で感じ取っていかなければ心に響いていかないでしょう。情は、「人から人へ」という血の通った〈生〉の世界のものなのです。

翻訳家の池田香代子は次のように述べています。

幼い子どもの規範意識は、たっぷりとした本物の愛情の経験からおのずと育っていくものだ、ということを教えられた。規範とは、なによりも、自分の大切な人びとを傷つけないためにある。そういうものとして、子どもが規範を肌で理解するとき、規範は子どもを縛るものとしてではなく、愛する力として、たしかに子どもの中に芽吹くのだ。(41)

その意味で、福澤先生が幼稚舎生に示した「今日子供たる身の独立自尊法は唯父母の教訓に従つて進退す可きのみ」という訓辞は、子どもたる幼稚舎生に、〈産〉、〈養〉、〈育〉をなす父母から人たる情の規範を「真似ぶ」ことが「子供たる身の独立自尊法」なのだと諭したのです。それは同時に、子を産み、養い、育てる父母に対して、人として生きていく基本である情の規範を子どもにしっかりと教え訓じていきなさいと語ってもいるのです。

明治十一年一月に発刊された『福澤文集』(全二巻)の「教育の事」において、福澤先生は、教るよりも習ひと云う諺あり。蓋《けだ》し習慣の力は教授よりも強大なるものなりとの趣意ならん。子生れて家に在り、其日《その》夜見習ふ所のものは、父母の行状と一般の家風により外ならず。一家の風は父母の心を以て成るものなれば、子供の習慣は全く父母の一心に依頼するものと云て可なり。故に一家は習慣の学校なり、父母は習慣の教師なり。而《しこう》して此習慣の学校は、教授の学校よりも更に有力にして、実効を奏すること極《きわめ》て切実なるものなり。今この教師たる父母が、子供と共に一家内に眠食して、果して恥るものなきか。余輩これを保証すること能《あた》わず。(42)

と厳しく指摘しています。

情の規範や習慣という論理では説明しにくいものだからこそ父母が教え訓じていかなければならないのであり、それは情の規範や習慣を子に伝えるべき父母の責任の重さを語ってもいるのです。福澤先生が幼稚舎生に示した書を通して、幼稚舎生に真に独立自尊の人になってほしいと願う福澤先生の深い愛情と、子の独立自尊を支える父母への厳しくも温かい激励を改めて感じました。子煩悩だったといわれる福澤先生の優しいお顔が目に浮かぶようです。

＊本稿は、全校保護者会（二〇一四年五月一〇日）での講演を収録した「仔馬」（第66巻第1号）（二〇一四年六月一八日）所収に加筆修正したものです。

初出：「幼稚舎シンフォニー2001」（二〇〇一年一一月二〇日）所収。

〈注〉

(1) 新釈漢文大系42『管氏』、遠藤哲夫、明治書院、一九八九年、上P.13。
(2) 新釈漢文大系4『孟子』、内藤熊一郎、明治書院、一九八六年、P.14。
(3) Max Weber, "Die Protestantische Ethik unt der《Geist》des Kapitalismus." 1920. マックス・ヴェーバー、大塚久雄訳、『プロテスタンティズムの倫理と資本主義の精神』、岩波書店、一九八八年、P.269。
(4) 復刻版『時事新報（明治前期編）』、二十巻―(2)／6179号～6206号、龍渓書舍、一九九七年、P.30。
(5) 前掲『時事新報』、P.30。〔ルビ・筆者〕
(6) 新村 出編、『広辞苑』（第三版）、岩波書店、一九八三年、P.1726。
(7) 前掲『広辞苑』、P.1726。
(8) 前掲『広辞苑』、P.1058。
(9) 知・情・意という能力区分を唱えたのは、ライプニッツ＝ヴォルフ学派に属する十八世紀ドイツ啓蒙期の哲学者・心理学者ヨハン・ニコラウス・テーテンス（Johann Nicolaus Tetens 1735－1807）です。「哲学上においても後にカントはかれの三分法を採用したため後世への影響はカントを介して永久のものとなった」といわれます。〔『哲学事典』、平凡社、一九八六年、P.979〕
(10) 拙論『〈まなび〉と〈学び〉―まなびの語源を辿って』（『幼稚舎シンフォニー'99』所収を参照。
(11) 岸田劉生、『図画教育論』、改造社、一九二五年、P.713。
(12) 小平邦彦、『怠け数学者の記』、岩波書店、一九八六年、P.294。同岩波現代文庫版、二〇〇〇年、P.123。

(13) 前掲『図画教育論』、P.713。
(14) 前掲『図画教育論』、P.715。
(15) 木原武一、『天才の勉強術』、新潮社、一九九四年、P.27。なお、アルフレート・アインシュタイン、浅井真男訳、『モーツァルト―その人間と作品』（白水社、一九六一年）には、〈模倣〉や〈剽窃〉に関する記述が随所にあります。
(16) 前掲『天才の勉強術』、P.27～28。
(17) アルフレート・アインシュタイン、浅井真男訳、『モーツァルト―その人間と作品』、白水社、一九六一年、P.196～197。
(18) 高階秀爾、『ピカソ―剽窃の論理』、美術公論社、一九八三年、P.6。
(19) 前掲『天才の勉強術』、P.26。
(20) 前掲『図画教育論』、P.715。
(21) ローランド・ペンローズ、高階秀爾・八重樫春樹訳、『ピカソ―その生涯と作品』、新潮社、一九七八年、P.30。
(22) 前掲『天才の勉強術』、P.163。
(23) 前掲『ピカソ―その生涯と作品』、P.32。〔傍線・筆者〕
(24) 井深　大、『あと半分の教育』、ごま書房、一九九一年、P.119。
(25) 前掲『怠け数学者の記』、P.294～295。同文庫版、P.123～124。〔傍線・筆者〕
(26) 前掲『怠け数学者の記』、P.296。同文庫版、P.125。
(27) 読売新聞、二〇〇〇年二月五日（土）、一面。産経新聞、二〇〇〇年二月九日（水）、社説「主張」。

(28) 大林宣彦、『なぜ若者は老人に席を譲らなくなったのか』、幻冬舎、二〇〇八年、P.152～157。
(29) 片岡徳雄、『子どもの感性を育む』、日本放送出版協会、一九九〇年、P.10。
(30) 読売新聞、二〇〇八年四月二七日（日）一面・二五面。
(31) 藤原正彦、『善悪の「かたち」どこへ』〔二〇〇〇年三月二七日（月）、読売新聞「学ぶ育てる―道しるべ」・に連載〕を参照。
(32) ＮＨＫ総合テレビ、クローズアップ現代「虐待される子どもたち―三〇〇万人の叫び声」、一九九五年六月六日放送で詳しく報じられました。
(33) George Snyders, "Il n'est pas facile d'aimer ses enfants," 1980. 湯浅慎一・細川たかみ訳、『わが子を愛するのはたやすいことではない』、法政大学出版、一九八〇年、P.229。
(34) Adolf Portmann, "Biologische Fragmente ze einer Lehre vom Menschen." 1951. アドルフ・ポルトマン、高木正孝訳、『人間はどこまで動物か―新しい人間像のために』、岩波書店、一九六一年を参照。
(35) Talcott Parsons & Robert F. Bales, "Family:Socialization and Interaction Process." 1956. 橋爪貞雄他訳、『家族』、黎明書房、一九八一年、P.35。
(36) 拙論『「教育」と"education"―二つのことばの語源から』（『幼稚舎シンフォニー'98』所収）を参照。
(37) 〈競い合い〉"emulation" と〈競争〉"competition" については、David Hogan, "The market revolution and disciplinary power." 'History of Education Quarterly' volume 29. number 3, Fall, 1989. 所収、P.381～417を参照。
(38) 加治伸行、『「自由」は「道理」の誤訳なり』〔一九九九年六月一一日（金）、産経新聞「正論」に掲載〕を参照。

(39)　池波正太郎、『鬼平犯科帳』、文藝春秋、一九七四年、文春文庫版（一）P.97。

(40)　拙論『情報革新時代における接続不良』（『幼稚舎シンフォニー2000』（二〇〇〇年一二月一五日）所収）を参照。

(41)　池田香代子、『規範は愛から芽吹く』（一九九九年九月二〇日（月）、読売新聞「学ぶ育てる―道しるべ」⑤）。〔傍線・筆者〕

(42)　富田正文編、『福澤諭吉全集』、岩波書店、一九五九年、第四巻 P.399。（『福澤文集』（全二巻）、明治十一年一月発兌、「教育の事」）〔傍線・筆者〕

2 親の子へのかかわり方

―親の子育ての様態と子どもに対する親の自我の視点から―

◇はじめに

瓜食《は》めば　子ども思ほゆ
栗食めば　まして偲《しの》はゆ
何処《いづく》より　来りしものそ　眼交《まなかひ》に
もとな懸《かか》りて　安眠《やすい》し寝《な》さぬ（802）(1)

銀《しろがね》も金《くがね》も玉も何せむに
勝《まさ》れる寶《たから》
子に及《し》かめやも（803）(1)

これは、大伴家持や柿本人麻呂、山部赤人らとともに奈良時代を代表する歌人山上憶良が神亀五（七二八）年に筑前国守時代に詠んだ「子等を思ふ歌一首 序を并せたり」とその「反歌」です。子を思う親の気持ちがほとばしらんばかりに表現されています。いつの時代でも、親にとって子どもは「愛おしく可愛い存在」と思われるかもしれません。しかし、憶良を除けば奈良時代に子を思う親の気持ちを詠った歌は極めて稀で、「古今東西の詩歌の中で、こんなにも深く親子の情をうたったものを、筆者は多くは知らない」(2)とまでいわれています。

私たちが抱いている子どもに対する「愛おしい」という感情は、近々わずか二百年ほどのうちに醸し出されてきたものであるといいます。(3)

もちろん、「人間の共同体はすべて、種の保存のために、次の世代を育てることに周到な配慮を怠らなかった。その意味で子どもは歴史上、いつも大切にされてきた」(4)ことも事実です。いつの時代にも、幼児期あるいは子ども時代の初期といえば、おとながその時期の子どもたちを保護・養育してはじめて、人間の社会が円滑に機能を果たせると考えられてきたからです。

しかし中世では、子どもの死亡率は高く、その生存の可能性は不確実でした。出生時の死亡のほかに、疫病の流行、飢饉の際に、子どもは真っ先にその犠牲となったからです。衛生環境の悪さ、医療水準の低さ、食糧生産の慢性的不足と不安定、因習などがあったと言われています。オランダの中世史家ヨハン・ホイジンガは、畢生《ひっせい》の名著といわれる『中世の秋』で、十五世紀という時代におけるほど、人びとの心に、死の思想が重くのしかぶさり、強烈な印象を与え続けた時代はなかった。「死を想え《メメント・モリ》の叫びが、生のあらゆる局面に、とぎれることなく響きわたっていた。」(5)

と述べています。

おとなといえども常に「死」と隣り合わせに生きていたのであり、なおさら子どもは「避けがたい消耗品」(6)のように考えられていたのです。それゆえに親としても、子ども一人ひとりに関心を寄せ、配慮するという精神状態にはなく、子どもがかけがえのない個としての「この子」という存在ではなく、生存の可能性が脆弱《ぜいじゃく》な「匿名状態」(6)に置かれていたのです。子どもがどんどん生まれ、また生育過程で次々に死んでいくという自然淘汰性が強い多産多死型の人口動態の社会では、子どもはできるだけ早く成長することが要求されたのです。

子供もしゃべれるようになり、一人で歩けるようになれば、背の低い大人として扱われていたのです。(7)

写真１　「死の勝利」1503年

　したがって、このような中世社会では、子どもにはおとなとは別の独自の世界があるということは「発見」されず、子どもは「おとなのひな型」でしかなかったのです。

　さらに、母親の子どもに対する愛情、すなわち「母性愛」は、母親の「本能」と呼ばれるべきものではなく、母親と子どもの日常的な触れ合いの中で育まれる愛情であり、それを「本能」とするのは時代が生み出した観念にすぎないのではないかという研究報告もあります。(8) 子どもに対する親の愛情や母性愛といった親や母親に本源的に備わっていると思われてきた感情が、時代とともに変化し、わずかここ二百年ほどの間に生まれてきたという指摘は私たちに大きな驚きを与えます。

　しかし、育児に対する不安を訴える母親の増加や育児拒否、子どもへの虐待など子どもに関わる出来事が

写真2　ピーター・ブリューゲル「死の勝利」1562年頃

一つの社会問題となってきている現代社会の様相を見ると、頷けるような気もします。

他方、子どもを育てる親やおとなの感情変化とともに、子どもの気質にも大きな変化が表れているように思えます。かつて子どもは、親は別として、周囲のおとなに対してある種の畏《おそ》れや遠慮があったように思います。殊に学校の先生に対してはその傾向が強かったのではないでしょうか。もちろん、すべての子どもがそうだったとは言えませんが、そういう子どもが少なくなかったのではないでしょうか。

その一つの表れとして、子どもの中に「内弁慶」といわれる子どもがいました。私たちの子ども時代を振り返ってみると、家庭の外では本音が言えずにおとなしいけれど、家庭の中では親にわがままを言ったり、だだをこねたりと、本音で振る舞う子どもが少なからずいました。家を一歩出ると、遊び仲間の子ども同士は別として、地域社会のおとなや学校の先生に対しては「おとな」を意識しておとなしく、家庭内では親や兄弟姉妹に本音で生活していたのです。

『広辞苑』で調べてみると、

うちべんけい【内弁慶】外では意気地がないが家の中では威張り散らすこと。また、そういう人。かげべんけい。うちひろがり。「—な子」(9)

と載っています。「内弁慶」といわれる子どもはごく普通に存在していたし、そういう表現も一般的に使われていたのです。

ところが、いつ頃からか、周囲のおとなや学校の先生に対する畏れや遠慮というものが全くといっていいほど感じられない子どもを目にするようになりました。遠慮がないどころか、不躾な言動が耳目に入ってきます。時代や社会の変化といえばそうでしょうが、そうした変化はどうして生まれてきたのでしょうか。

その原因の一つに、かつても近隣のおとなに接することはありましたが、それ以上に幼いときから親以外のおとなに接する機会の多いことが挙げられます。しかも、そのおとなたちが子どもに対して物分かりがよいことです。さらに、そのおとなたちのうちに、学校以外の日常生活の中で「先生」と呼ぶおとなが幾人もいることです。学習塾の先生、家庭教師の先生、ピアノの先生、絵画教室の先生、書道教室の先生、英語塾の先生、水泳教室の先生、サマーキャンプの先生、スキー教室の先生……と、数多くの先生がいて、学校の先生もそれらの先生の中の一人に過ぎないのです。しかも、それらの「先生」にとって子どもたちは塾や教室に通ってくる「顧客」であるがゆえに、自ずと物分かりがよくならざるをえないという側面があります。ですから、幼年期から、かつてのような近隣のおとなや学校の先生に対するある種の畏れや遠慮などを感ずることなく育ってしまうのでしょう。

私は、単にそれを悪いと言っているわけではありません。ましておとなや学校の先生の権威の復権や強化を図ろうとする気持ちもありません。しかし、あまりに友達感覚過ぎて、「子どもが子どもらしく育っていくために本当にこれでいいのだろうか」と疑問に思うこともあります。

さらに気になることは、最近の子どもたちの中に、自分の親に対して敬語を遣い、家庭内では親に対して「良い子」で接している反面、家庭外で羽を伸ばしている子どもが少なくないように思えることです。かつての「内弁慶」の子どもが減り、「内弁慶」とは逆のタイプ、いわば「外弁慶」タイプの子どもが増えてきているのではないでしょうか。子どもの「内弁慶」から「外弁慶」への変貌はなにを意味しているのでしょうか。そこには親子関係の変化が大きく影響しているように思います。

ここでは、子育ての様態の変化と子どもに対する親の自我を視野に入れながら、親子関係のあり方について考えてみたいと思います。

◇子育ての様態

一九六〇年以降、社会学的な手法を使って日常的な生活次元から歴史を捉え直す研究を主題にしている学派の影響を受けて、先進国の急激な出生率の低下と符節を合わすかのように「子ども」を主題にした歴史研究が活発になり始めました。その中でも、フランスの歴史学者フィリップ・アリエスの『〈子供〉の誕生―アンシャン・レジーム期の子供と家族生活』(Philippe Ariès, L'Enfant et la vie familiale sous 1'Ancien Régime', 1960. 杉山光信・杉山恵美子訳、みすず書房、一九八〇年）と題する著作は大きな反響を呼びました。

アリエスは、イコノグラフィー（iconographie 図像学）という研究手法を駆使して、絵画に表現された子どもの絵姿や、記録文、日記、墓碑、子どもの服装や遊びの歴史を辿りながら、そこに共通して示される意識、無意識の心性（mentalité 感情ともいう）を分析の中心に据え、その上に統一的な歴史を構成しようとしました。

アリエスのこの著作は、「近代の子どもの発見」が実は新しい子ども「囲い込み」ではなかったかという主張に、そしてその「近代」への否定的な評価に、その問題提起性がありました。

アリエスのこの著作を一つの契機に、西欧では社会学、殊に中世の社会史への関心が高まりました。そし

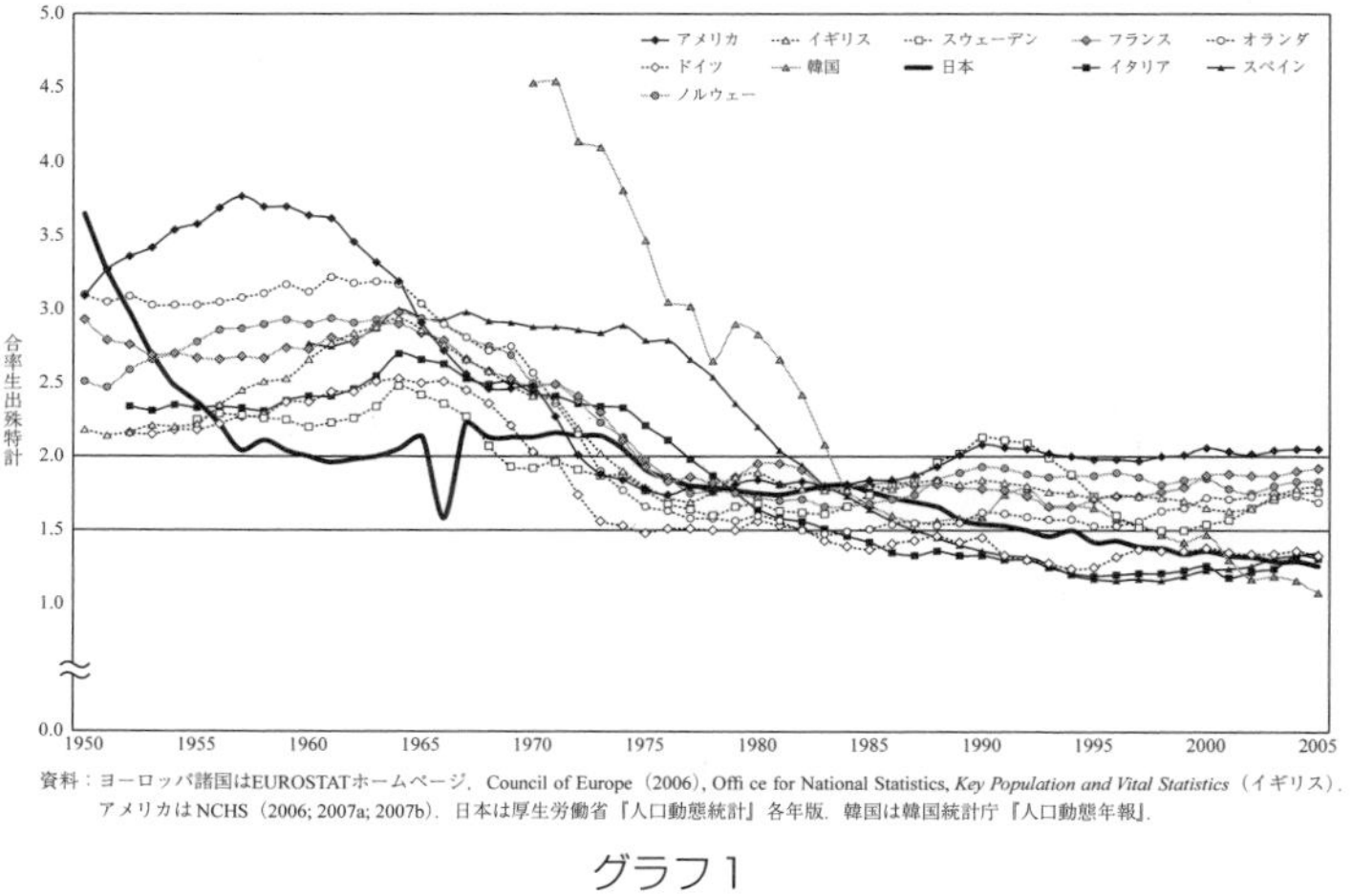

資料：ヨーロッパ諸国はEUROSTATホームページ，Council of Europe（2006），Offi ce for National Statistics, *Key Population and Vital Statistics*（イギリス），アメリカはNCHS（2006; 2007a; 2007b），日本は厚生労働省『人口動態統計』各年版，韓国は韓国統計庁『人口動態年報』．

グラフ1

て、西欧での社会史への関心は、必然的に、家族や共同体（community）での生活史に向けられ、そこには子どもの生活と子育ての文化への着眼も含まれています。

「母性愛」は、母親の「本性」と呼ばれるべきものではなく、母親と子どもの日常的な触れ合いの中で育まれる愛情であると述べて大きな反響を呼んだフランスの哲学者エリザベート・バダンテールの著書『母性という神話』（Elisabeth Badinter, 'L'Amour en Plus —Historie de l'amour maternel (XVIIe–XXe sièche)', 1980. 鈴木晶訳、筑摩書房、一九九一年）も、アリエス以降の新しい学派の研究成果の一つです。

またアメリカでは、精神分析学的な視点で、人間の日常の精神の歴史を描こうとするサイコ・ヒストリーの動きがあり、その中から子ども史への関心が高まりました。その代表的なアメリカの研究者ロイド・ドゥモースは、その著書『親子関係の進化—子ども期の心理発生的歴史学』（Lloyd deMause, 'The History of Childhood —The Evolution of Parent-Child Relationships as a Factor in History', 1974. 宮沢康人他訳、海鳴社、一九九〇年）の冒頭で、「子ども期の歴史は、いまようやく、その長い悪夢から覚めようとしている」[10]と述べています。そして「プラトン以来このかた、子ども期がその（時代の流れの中の）連続性と変化を理解するためのひとつの鍵であることは知られていた」[11]にもかかわらず、「なぜ歴史家はそれほどまでにかたくなに子ども期の研究を避けてきたのか」[12]と訝《いぶか》っています。

そして、この著書の中で興味深いのは、古代から現代までの子育て（観）の歴史を概観して子育てを様態（Mode）化していることです。この様態はとてもおおまかなものですが、子育ての大きな変化を知るには便利です。

ドゥモースは、親子関係の進化を次のような六つの様態に分けました。

古代から四世紀にかけて表れた子育ての様態を「子殺し的様態」（Infanticidal Mode）といっています。穏やかならぬ表現ですが、その内容は法制史などでも指摘されているものです。古代社会では父権は強大で、子どもを生かすも殺すも家父長の権限内にありました。「生殺与奪」と呼ばれるものです。厳格な鍛錬教育の代名詞として有名なスパルタ教育のもとになった古代ギリシアの都市国家スパルタでは、体の弱い子どもは「ターユゲントのふもとにあるアポテタイという深い

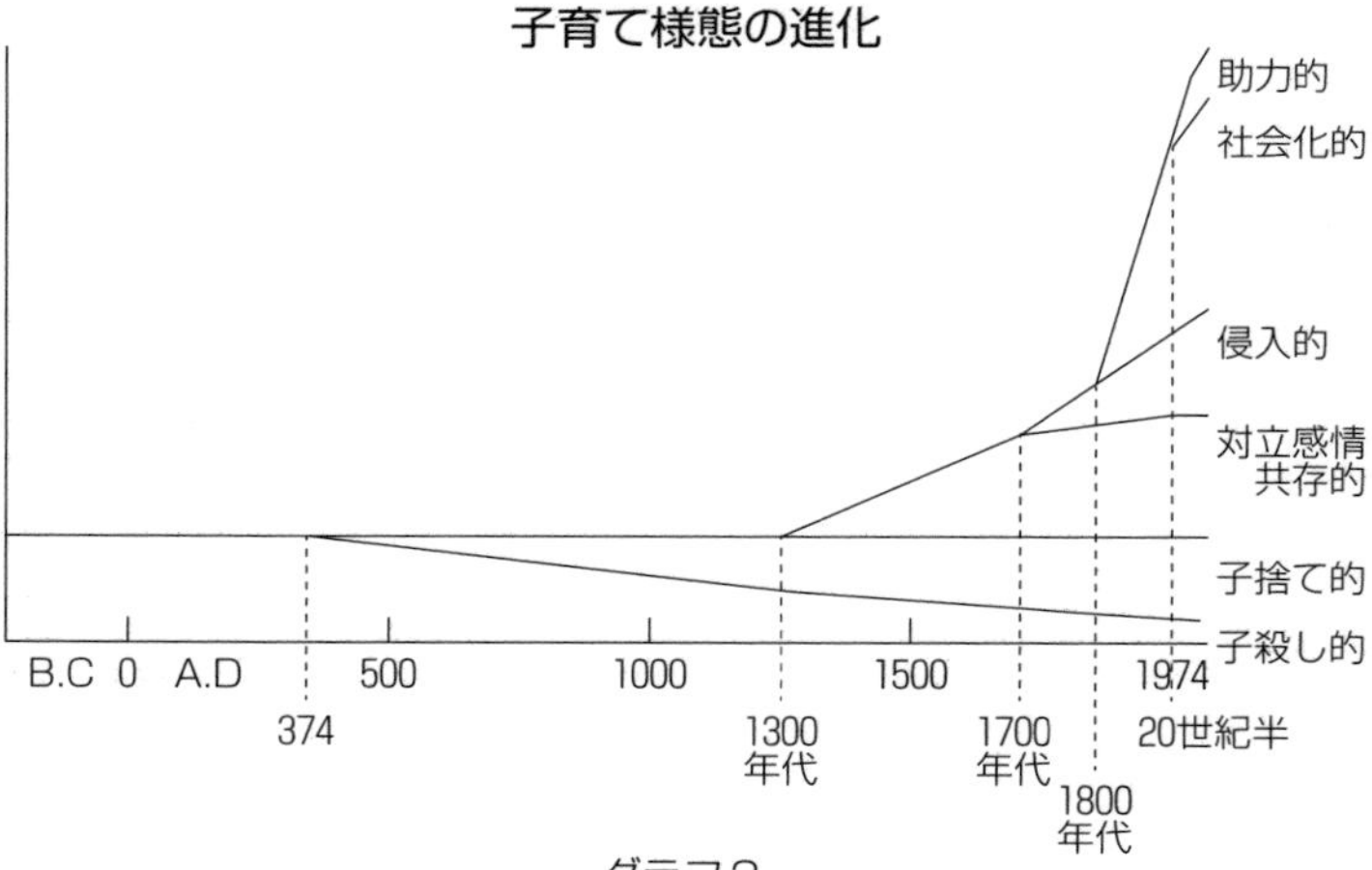

グラフ2

淵」に突き落とされて殺されたといいます。強大な父権を持つ人物が子殺しの権限を持っていた時代と社会が、かつて存在したのです。

次に、四世紀から十三世紀にかけて表れた子育ての様態を「子捨て的様態」（Abandonment Mode）と呼んでいます。中世から近世にかけて、キリスト教の影響から子どもが「魂を持つ存在」[14]として見られるようになると、生命を奪う子殺しではなく、子捨てが広く行われるようになりました。この「子捨て的様態」はおよそ千年近くも子育ての様態を支配しました。僧院や修道院、施療院などに置いていったり、里子に出したりするようになりました。

十四世紀から十七世紀にかけて表れた子育ての様態は、「対立感情共存的様態」（Ambivalent Mode）と呼ばれています。近世になって、子どもに対する気持ちはだんだんと愛情と憎しみの入り乱れるアンビバレント（両義的）な子育ての様態が表れるようになりました。この「対立感情共存的様態」が表出するに至って、ようやく子どもへの感情、殊に温かみのある感情が表に表れるようになったのです。「聖母子像崇拝の習慣がひろがり」[15]始めたのもこの時期です。フィリッポ・リッピやラファエロ・サンツィオなど多くの画家たちが競って聖母子像を描きました。

さらに十八世紀になると、「侵入的様態」（Intrusive Mode）という子育ての様態が一般化してきます。いわば、子どもの中に親が入り込んでいき、良くも悪くも干渉するという子育ての様態です。「親は今や、…子どもに心理的に接近して、子どもの心を支配しようと努めるようになった」[16]のです。

続いて、十九世紀から二十世紀の半ばにかけて表れた子育ての様態が「社会化的様態」（Socializing Mode）です。「この時代になると、…子どもの養育は、子どもの意志を支配していく過程ではなく、むしろ子どもを訓練し、適切な方向へと導き、社会に順応することを教える、つまり社会化する過程となった」(17)のです。

そして、二十世紀の半ばから表れた子育ての様態が、「助力的様態」（Helping Mode）と呼ばれるものです。親が子どもを訓練して教えるのではなく、子どもの発達を援助するという子育ての様態です。

このように、ドゥモースは古代から現代までの子育てを六つに様態化しましたが、さらに興味深いことは、これらの子育ての様態は歴史的な変遷でありながら、同時に前の様態が何ほどか後の時代にも残って影響を与えているということです。すなわち、時代を経るごとに子育ての様態が多様化し、重層化していくというのです。(18)

写真３

J・J・ルソーは、『社会契約論』や『エミール』などを著し、ヒューマニズムの思想を豊かに展開させたフランスの思想家です。しかし、ルソー自身、自分の五人の子どもを次々と孤児院に送り込んだ人物でもあります。(19) ルソーの生きた十八世紀でも、なおまだ「子捨て的様態」が残っていたことを物語っています。

ですから、現代社会においては、これら六つの子育ての様態すべてが表われ得るということです。「助力的様態」や「社会化的様態」がおもな子育ての様態であるとはいっても、人種や民族、あるいは国や地域、あるいは社会階層によって、「侵入的様態」や「対立感情共存的様態」、さらには「子捨て的様態」や「子殺し的様態」までもが表われるというわけです。二十一世紀の日本においても、育児放棄や児童虐待のニュースが新聞やテレビで報道されている現状を見聞きすると、ドゥモースの指摘が間違いでないことを物語っているといえるでしょう。

このように、ドゥモースは現代社会における子育ての様態の多様化と重層化を指摘しましたが、さらにこれらの子育ての様態は「一人の親（おとな）の人格の中にも表われる」、あるいは「一人の親（おとな）の人格の中にも重層的に存在する」と考えることができます。そこで、このような子育ての様態に心理学的な知見を重ねてみると、子育ての様相が一層はっきりするのではないでしょうか。

◇親子関係の心理学的知見

古代から現代までの親子関係の進化を精神分析学的な視点から集約したロイド・ドゥモースは、現代社会において六つの子育ての様態が重層的に存在しているといいます。さらに筆者は、「一人の親（おとな）の人格の中にも重層的に存在する」のではないかと考えます。子と接している親の子育ての様態は個々に一様ではないだけでなく、親の子への接し方もつねに一様であるわけではないと考えるからです。

そこで、「親と子の関係」を探る心理学的知見として、エリック・バーンの「交流分析」(transactional analysis）を援用して考えてみることにしましょう。

エリック・バーンの著書『人生ゲーム入門―人間関係の心理学』（Eric Berne, 'Games people play―The Psychology of Human Relationships.', 1964. 南　博訳、河出書房新社、一九七七年）に述べられている「交流分析」の理論では、人間の自我状態を「親」「おとな」「子ども」の三つに分けています。(20) これは、人間の意識生活では過去の経験がいつまでも存在し続ける、ということが前提になっています。幼いときに経験した親の態度や考え方が記憶のうちに残っている自我状態を「親」と呼んでいます。次の「おとな」は、誰でも、たとえば子どもでも、いわゆる「おとな」らしい現実の客観的な捉え方のできる自我状態を指します。第三に、おとなになっても、子どものときの自我意識がそのまま潜んでいる自我状態を「子ども」と呼んでいます。

そして、「交流分析」とは、人と人とが互いに交渉するとき、この「親」「おとな」「子ども」の三つの自我状態の、どれが、どのように動かされて、交渉が進行するかを見極めようとするものです。

この三つの自我は、さらに「批判的な親」「養育的な親」「おとな」「自由な子ども」「適応する子ども」の五つの自我に分けられます。

その五つの自我とはどういうものかを簡単に紹介すると、まず「批判的な親」とは、厳しい、支配的な自我です。次の「養育的な親」とは、優しく、相手を受け入れる自我です。「おとな」とは、客観的で、冷静な自我です。そして「自由な子ども」とは、天真爛漫で、自分の気持ちのままに行動しようとする自我です。最後の「適応する子ども」とは、自分の気持ちを抑えて、相手に適応し合わせようとする自我です。このような五つの自我の働きが私たちの中にあるとバーンはいっています。ですから、どの自我が強く出ているかによって対人関係の内容も変わってきます。

家庭でも、親が子どもに対してどの自我で接しているのかによって子どもの心の成長に与える影響は異なってきます。例えば、親に「批判的な親」の自我が強く出ている場合には、子どもは「適応する子ども」の自我が強くなります。子どもが親に合わせようとするからです。子どもにとって生まれて初めて接するのはおもに母親や父親ですから、子どもの心の成長にも大きな影響を及ぼします。

親が、もし、子どもの欲求に上手に応えられず、自分の指示に従うように育てれば、その子は親の顔を見ながら行動するような「処世術」を身につけた「適応する子ども」の自我が強くなります。その生き方は成長後も続き、自分不在の「良い子」像で人と関わっていくことになります。つまり自分の欲求を押し殺して、親にとって「良い子」になろうと知らず知らずのうちに努力してしまうわけです。ところが、「適応する子ども」の自我ばかり出さなければならなくなると、「良い子」になる代わりに、その子の心の中には満たされない感情が蓄積されていきます。

では、なぜそのような「処世術」を身につけるようになるのかを、アメリカの心理学者Ａ・Ｈ・マズローの論理から考えてみましょう。

Ａ・Ｈ・マズローの『人間性の心理学―モチベーションとパーソナリティ』(Abraham H. Maslow, 'Motivation and Personality', 1954. 小口忠彦訳、産業能率大学出版部、一九八七年) によれば、人間の基本的欲求を五段階に分けています。(21)

第一段階は、「生理的欲求」です。これは食欲などへの欲求で、「あらゆる欲求の中で最も優勢なもの」(22)です。すなわち、五つの段階のうちで最も基本的な欲求ということです。

第二は、「安全の欲求」です。人間を含めた「有機体は、この欲求によって生理的欲求と同じくらい完全に支配される」(23)といわれています。第三が、「所属と愛の欲求」です。どこかに所属し、仲間を作りたいというものです。第四は、「承認の欲求」です。これは自分を認めてほしいという欲求です。最後の第五段階は、「自己実現の欲求」です。

そしてこの五つの「人間の基本的欲求はその相対的優勢さによってヒエラルキーを構成している」(24)と述べて、より高次の欲求はより低次の欲求に支配されるとしています。ですから、第一段階の「生理的欲求」は当然として、第二段階の「安全の欲求」が満たされるか否かがとても重要な条件だといえます。なぜなら、第二段階の「安全の欲求」が満たされなければ、それより高次の「所属と愛の欲求」や「承認の欲求」、「自己実現の欲求」が十分に起こりえないからです。

◇おわりに

そこで、この「安全の欲求」と「適応する子ども」の自我を関連させて考えてみると、「良い子」の問題が一層明らかになってきます。

赤ちゃんというのは、首尾一貫したもの、同じ手順を好むといいます。「子どもがある種の日常のきまりきった、崩さないリズムや過程に対する選好性をもつ」(25)と、マズローは指摘しています。この要素が欠けると不安を感じ、安定感を失うとも指摘しています。親のいう通りにすることで親が優しく自分に接してくれることを感じる赤ちゃんは、親に従順になることで「安全の欲求」を確保します。

つまり、いつも同じように自分を愛し、欲求を満たしてくれることを求めて、親に適応しようとするわけです。こうして「安全の欲求」が満たされるわけですが、親の気持ちが日によって変わったり、愛してくれる方法が大きく変わったりすると、不安になりやすくなります。こうした不安が高じると「神経症」のもとになるとマズローは指摘しています。

先ほど挙げたエリック・バーンの五つの自我のうち「批判的な親」の自我の強い親、すなわち支配的な厳しい親に育てられた子どもは、「適応する子ども」の自我、すなわち「良い子」の面が強くなってきますから、友達や社会の中でもつねに周囲に「適応」する行動をとりやすくなります。

小さいときには自分の気持ち（「自由な子ども」の自我）を抑えて「良い子」を演じ、社会に出てからは「相手から良く思われようとする適応する子ども」を演じやすくなります。でも、それは本当の自分の気持ちからの行動ではないので、いつしか「不満」が蓄積されていきます。蓄積された「不満」を抱えきれなくなると、ちょっとした機会に一挙に爆発することも起こりえます。例えば、電車の中で体が触れただけで激しく怒ったり、家族や弱い立場の人に暴力をふるったりします。そうすることによって、抑えていた不満を吐き出すのです。でも本人は、自分がなぜそうした行動に走ってしまったのか分かりません。すなわち、子ども時代における親の子どもへの接し方の影響が残るというわけです。ですから、親が子どもの欲求を抑えてしまう「批判的な親」の自我だけでなく、「養育的な親」の自我をバランスよく出して、わが子をありのままに受け入れていけるようにしていくことが大切です。

子どもにとって親の影響は大きいと思いますが、さらに、今の社会のあり方も大きく影響しているといえます。現代社会の特徴の一つに「管理」があります。学校でも、個性を尊重することを目指しながら、「管理教育」になっている傾向があります。その上、「競争社会」です。そこでは、人々は「自由な子ども」の自我（＝本音）を抑えて、所属した集団や社会に合わせることが暗黙のうちに求められています。

子どもは家庭で「自由な子ども」の自我を抑え、おとなは社会で生き抜くために「自由な子ども」の自我を抑えています。それでは人々の心に「不満」が溜まらないわけがありません。親も自分の本当の気持ちを抑えながら生きており、そうした不満の鬱積《うっせき》が子どもに向けられ、子どもをおおらかに受け入れることができずにいるともいえます。大袈裟にいえば、親も子も「管理」と「競争」の中で喘《あえ》ぎながら生きているのが現代といえるかもしれません。

そうした中で、親は「円満」な家庭を作ろうと苦心しているわけです。でも、いくら「円満」な家庭を作ろうと心掛けていても、そこで本当の自分の気持ちを出していける雰囲気がなければ、家庭自体がさまざまな問題を引き起こす要因の一つにもなりかねません。ですから今の時代、家庭に求められるのは、家族が本音を出し合い、それを受け止めていける「慈愛」と「寛容」の心ではないでしょうか。

今は「管理」と「競争」の中で、親自身に心の余裕がないため、子どもに対して無意識のうちに

「適応する子ども」の自我を要求しているかもしれません。子どもたちの「内弁慶」から「外弁慶」への変貌は、その「適応する子ども」の自我の表れといえるのではないでしょうか。そうであれば、まず親自身が人間的な成長を図ることが子どもの健全な成長のために必要でしょう。

親自身が肩の力を抜いて、家庭には何ができて、何ができないのかを問い直し、家庭と、学校や社会との役割の違いを確認し、家庭の担うべき役割と親の為すべき「教育」を考えることが必要でしょう。そして、「管理」と「競争」の呪縛《じゅばく》から抜け出し、学校や社会とは異なる、ホッと息を抜くことのできる生活空間としての家庭の機能を取り戻さなければなりません。その際、子どもと接する親の子育ての様態や自我の表れ方が、子どもの成長にとても大きな影響を及ぼしていることを忘れてはならないでしょう。

親の自我の表れ方が変わることによって、家庭の雰囲気も変わり、子どもも変わることでしょう。「子は親の鑑」です。しかし同時に、「親は子の鏡」でもあります。そこに、子育ての難しさがあるとともに、楽しさや喜び、幸せを感じることもできるのです。子どもは親によって育まれますが、子育てを通して親も子どもによって成長させられているのです。

エリック・バーンは前掲書の中で、人間は自分の内部にある三つの自我状態のうちで「おとな」の自我を有効に使うことが心理的安定への道だと暗示しています。親自身が心のゆとりを取り戻し、成長を図ることによってバランスのとれた自我の主体者となることが、子どものよりよい成長を図ることにつながるのではないでしょうか。

＊本稿は、全校保護者会（二〇一五年五月九日）での講演を収録した「仔馬」〔第67巻第2号〕（二〇一五年七月一三日）所収に加筆修正したものです。

初出：「幼稚舎シンフォニー'97」（一九九七年一一月二〇日）所収。

〈注〉

（1）高木市之助ほか校注、「萬葉集二」、『日本古典文学大系』5所収、岩波書店、一九五九年、P.63。〔ルビ・筆者〕

（2）壺齋散人（引地博信）、「万葉集を読む」、ブログ「壺齋閑話」所収、二〇〇七年。

（3）Philippe Ariès, "L'Enfant et la vie familiale sous l'Ancien Régime", 1960. フィリップ・アリエス、『〈子供〉の誕生―アンシャン・レジーム期の子供と家族生活』、杉山光信・杉山恵美子訳、みすず書房、一九八〇年。

（4）宮澤康人ほか編集、『新しい子ども学』3、海鳴社、一九八六年、P.81。

（5）Johan Huizinga, "Herfstij der Middeleeuwen", 1919. ヨハン・ホイジンガ、『中世の秋』、『世界の名著』55所収、堀越孝一訳、中央公論社、一九六七年、P.268。

＊「メメント・モリ」（羅：*memento mori*）は、ラテン語で「自分が（いつか）必ず死ぬことを忘れるな」、「死を忘れるなかれ」という意味の警句です。

（6）フィリップ・アリエス、前掲書、P.41。

（7）阿部謹也、『中世の窓から』、朝日新聞社、一九八一年、P.32。

(8) Elisabeth Badinter, "L'Amour en Plus —Historie de l'amour maternel（XVIIe–XXe sièche）" 1980. エリザベート・バダンテール、『母性という神話』、鈴木晶訳、筑摩書房、一九九一年。
(9) 新村　出編、『広辞苑』（第六版）岩波書店、二〇〇八年、P.261。
(10) Lloyd deMause, "The History of Childhood—The Evolution of Parent-Child Relationships as a Factor in History.", 1974. ロイド・ドゥモース、『親子関係の進化—子ども期の心理発生的歴史学』、宮沢康人ほか訳、海鳴社、一九九〇年、P.1。
(11) ドゥモース、前掲書、P.2。
(12) ドゥモース、前掲書、P.2。
(13) 梅根　悟、『世界教育史』、新評論、一九七三年、P.57。
(14) ドゥモース、前掲書、P.161。
(15) ドゥモース、前掲書、P.162。
(16) ドゥモース、前掲書、P.163。
(17) ドゥモース、前掲書、P.164。
(18) ドゥモース、前掲書、P.214。
(19) Jean-Jacques Rousseau, "Les Confessions.", 1770. ジャン・ジャック・ルソー、『告白』第八巻、『ルソー全集』第一巻所収、小林善彦訳、白水社、一九七九年、P.388。
(20) Eric Berne, "Games people play—The Psychology of Human Relationships.", 1964. エリック・バーン、『人生ゲーム入門—人間関係の心理学』、南　博訳、河出書房新社、一九七七年、P.30。訳本の「親」「成人」「小児」を筆者は「親」「おとな」「子ども」としました。

(21) Abraham H. Maslow, "Motivation and Personality", 1954. A・H・マズロー、『人間性の心理学―モチベーションとパーソナリティ』、小口忠彦訳、産業能率大学出版部、一九八七年、「第五章　人間の動機に関する理論」P.89〜P.117。
(22) マズロー、前掲書、P.91。
(23) マズロー、前掲書、P.94。
(24) マズロー、前掲書、P.93。
(25) マズロー、前掲書、P.95。
（グラフ1）守泉理恵、「先進諸国の出生率をめぐる国際的動向」、季刊「海外社会保障研究」Autumn, 2007, No.160. P.6。

（グラフ2）ドゥモース、前掲書、P.160。

（写真1）阿部謹也、『甦える中世ヨーロッパ』、日本エディタースクール出版部、一九八七年、P.129。

（写真2）ピーター・ブリューゲル、「死の勝利」（一五六二年頃）、森　洋子、『ブリューゲル探訪―民衆文化のエネルギー』、未來社、二〇〇八年、口絵5。

（写真3）右：フィピッポ・リッピ、「聖母子と二人の天使」フィレンツェ、ウフィツィ美術館。

左：ラファエロ・サンツィオ、「大公の聖母」フィレンツェ、ピッティ美術館。

3　「教育」と‘education’
―二つのことばの語源から―

子どもを不幸にするいちばん確実な方法はなにか、それをあなたがたは知っているだろうか。それはいつでもなんでも手に入れられるようにしてやることだ。(1)

◇はじめに

これは、十八世紀フランスの啓蒙思想家ジャン・ジャック・ルソーが一七六二年に著した『エミール―その教育』の中の一節です。ものが有り余るほど溢れている現代にあって、この一節は二十一世紀に生きる私たちへの戒めと思えてなりません。

さらに、今から二千年以上も前に孟子の残した訓辞、「飽食煖衣、逸居而無教、則近於禽獣」(2)は、より一層私たちに警鐘を鳴らしているように思えます。この文を読み下すと、「飽食暖衣、逸居して教えなければ則ち禽獣に近し」となります。

「お腹一杯食べ、暖かな衣服を着て、怠け暮らしているだけで、教育がなければ、鳥や獣の生活とあまり違わない」という意味です。

時を越え、洋と東西を問わず、抑制を効かせて生きることの難しさは変わらないようです。まして現代ほどものが豊かな時代においては、なおさらのことでしょう。そこに現代における子育ての難しさがあり、「心の教育」に課せられた課題も重く、大きいと言えましょう。

作家の池波正太郎は、「現代《いま》は人情蔑視の時代であるから、人間という生きものは情智ともにそなわってこそ〔人〕となるべきことを忘れかけている。情の裏うちなくしては智性おのずから鈍磨することに気づかなくなってきつつある…。」(3)と指摘していますが、この「情」とは言い換えれば「心」のことであり、「心」の教育を問うていると言えましょう。

近年、「教育」を根底から問い直す動きが盛んになっています。明治初期、‘education’に対して「教育」という新しい熟語があてられて以来、何の疑いもなく「教育」ということばを使っていますが、そもそも「教育」とはなんでしょう。‘education’とはなんでしょう。あまりにも一般的に使われているがゆえに、私たちはその本源を見失っているのではないでしょうか。

ここでは、「教育」と‘education’という二つのことばの語源を辿り、その意味を探ることによって、「教育」とはなにかを考えるための一つの手掛かりを求めてみたいと思います。

◇「教育」の意味

普段、私たちは何気なく、無自覚的に「教育」ということばを使っていますが、そもそも「教育」とは何でしょう。そう問うてみると、「教え育てること」と読み下して考える以上の答えはなかなか思い浮かびません。

そこで、辞典で調べてみました。三省堂の『大辞林』によれば、

きょういく【教育】他人に対して、意図的な働きかけを行うことによって、その人間を望ましい方向に変化させること。広義には、人間形成に作用するすべての精神的影響をいう。その活動が行われる場により、家庭教育・学校教育・社会教育に大別される。(4)

とあります。

また、岩波書店の『広辞苑』には、

きょういく【教育】教え育てること。人を教えて知能をつけること。人間に他から意図をもって働きかけ、望ましい姿に変化させ、価値を実現する活動。(5)

と載っています。

私たちが一般的に考える「教育」の意味は、おおよそこのようなことでしょう。しかし、わかるようでもありますが、なんとなく表現が抽象的でわかりにくいともいえます。そこで、『広辞苑』にも載っている「教育」という熟語を読み下した「教え育てる」、あるいは「教え育む」と考えてみるとどうでしょうか。

『大辞林』によれば、「教える」には次のような意味があります。

おし・える【教える】①知識や技芸を伝えて、身につけさせる。教授する。②相手のために自分の知っていることを告げる。③生き方、善悪などについて、わからせる。④そそのかす。(6)

①は、私たちが一般的に考える「教育」の意味でしょう。②は、例えば「駅へ行く道を教える」などという用法の意味です。③は、「人の道を教える」などという場合に用いられます。「説く」の意味に近いといえましょう。④は、「教唆」という熟語の意味と同様でしょう。

では、「育てる」あるいは「育む」とはどういうことなのでしょうか。「育てる」を調べてみると、次のように載っています。

そだ・てる【育てる】①生き物が成長するよう世話をする。②次第に大きくなるようにする。③能力・資質をのばすように教え導く。一人前になるようにしこむ。④おだててそそのかす。(7)

日常的に私たちが「育てる」を使う場合、①の意味において使うことが多いでしょう。「養う」という意味に近いといえます。②は、「二人の愛を育てる」などという場合に用いられます。良い意味での感情の伸長を表し、望ましい方向へ人の情や心を豊かにするという意味です。③は、「教導」という熟語に置き換えられる意味を持ち、「教える」の意味合いが強いが、知識・技能を「教え」て備わっている潜在的な能力や資質を伸ばすだけでなく、それに伴って情操をも豊かにするという意味が含まれていると考えられます。④は、「教える」の④と同様で「教唆」という意味でしょう。

「育」のもう一つの訓読みである「育む」には、次のような意味があります。

はぐ・くむ【育む】①《羽含む：はくくむ》親鳥が雛を自分の羽で抱きかかえて守り育てる。②養い育てる。③大切に守り、大きくする。(8)

①は、「育む」が「羽含む：はくくむ」に由来していることを表しています。②が、日常、一般的に使われている意味でしょう。③は、「育てる」の②と同様に用いられる意味です。

このように、改めて「教える」と「育てる（育む）」を辞典で調べてみると、次のようにまとめられましょう。

すなわち、「教える」は「知識・技芸、生き方、善悪などを伝えて、わからせる」という意味であり、知能の成長や技能の習得に関わっているといえましょう。

それに対して、「育てる」あるいは「育む」は、身体という外的な成長に関わるとともに、「能力・資質を伸ばす」という内的成長にも関わり、感情や感性、情操といった心を豊かにすることをも含んでいるといえましょう。

また、「教える」には他律的あるいは強要的な意味合いが強いのに対して、「育てる（育む）」には自律を促す支援的な色彩が濃いように思えます。

◇「教」と「育」の語源

「教育」も、あるいはそれを読み下した「教え育てる（育む）」も、それぞれの意味は私たちの思いと十分に重なり合い、なんら違和感を感じることはありません。しかしそれは、残念ながらそれ以上に私たちの理解を進めたり、深めたりするものとはいいにくいものです。そこで、漢字の構成や漢字そのものの意味、すなわち字義を調べてみましょう。

白川　静の『字統』によれば、「教」は次のように解説されています。

きょう【教】会意　旧字は教に作り、爻《こう》と子《し》と攴《ぼく》とに従う。爻は屋上に千木《ちぎ》のある建物の象形。古代のメンズハウスとして、神聖な形式をもつ建物で、ここに一定年齢の子弟を集めて、秘密結社的な生活と教育とを行なった。指導者は氏族の長老たちで、氏族の伝統や生活の規範を教える。攴は長老たちの教権を示す。

……（後略）(9)

「会意」は会意文字であることを表しています。漢字字形の構成には、象形・指事・会意・形声・転注・仮借の六種があります。(10)「象形」とは「物の形をかたどって字形としたもの」(11)であり、「指事」とは「事柄や数などの抽象的な概念を象徴的に形象化して字形にしたもの」(12)、「会意」とは「象形・指事により作られた漢字を結合し、それらの意味を合わせて構成された複合文字」(13)のことです。すなわち「教」は、「爻」と「子」と「攴」という字の意味を合わせて構成された会意文字だということです。

「千木」とは、建築用語で、「神殿などの屋根のむねの両端に交差して組み合わせた長い二本の木」(14)のことで、伊勢神宮や出雲大社などの社殿に見られるものです。

「メンズハウス」とはなにか。調べてみましたが、載っていませんでした。おそらく、日本でいう

「若者組」や「若衆宿」にあたるもので、その名の通り男性のみを対象とした集会所であろうと思われます。[16]

なるほど、これで「教」の字義がわかりました。さらに「教」を構成する「爻」「子」「攴」には、それぞれどのような意味があるのでしょうか。再び『字統』で調べてみましょう。

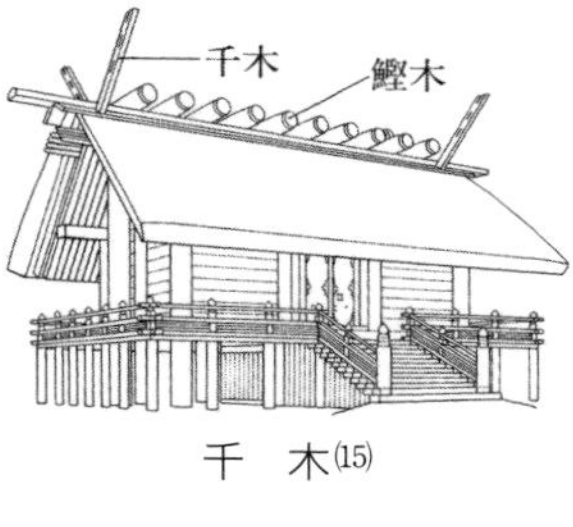

千　木[15]

【爻】象形　千木のある建物の形。…（中略）…字としてはやはり千木をおいた屋形とみるべく、卜辞においては爻を学の初文として用いている。学はメンズハウスで、一定年齢のものがここに隔離されて生活をして、氏族の伝統や秘儀について学習する秘密講的な施設であり、それが学校の起源であった。千木形式の建物は、神聖なものとされたらしく、わが国の神社建築にその形式が残されている。また学の正字「學」や教の正字「教」のうちに、その形を含む。…（後略）[17]

【子】象形　幼子の象。…（後略）[18]

【攴】会意　卜《ぼく》と又《ゆう》とに従う。卜は木の枝の形。木の枝でものを撃つことをいう。…（後略）[19]

これで、十分に理解できました。

すなわち、「教」は屋上に千木のある神聖な形式をもつ建物において一定年齢の男子弟が隔離されて、氏族の長老たちから氏族の伝統や秘密の儀式について教えられたことを意味しています。そこでは怠ける子どもは木の枝で打たれ、教権をもつ氏族の長老に厳しく指導されていたことがわかります。特に興味深いことがあります。まず、「学校」の起源が「屋上に千木のある神聖な形式をもつ建物」であったことです。

「神聖」ということは祭祀とおおいに関わりが深いことを示しています。その建物が祭祀空間であったことは、「メンズハウス」が男子弟に限られていたことにも表れています。しかも、「一定年齢」に達した者を対象としていました。すなわち、「一定年齢」に達するまでは「教」の対象とはならず、親や家族のもとでゆっくり育てられていたのではないかということです。「教」に先立って「育」が為されていたのです。次に、教えられていた内容が氏族の伝統や秘密の儀式であったということです。氏族や共同体を維持していくために必要不可欠な事柄を次の世代に伝えていったのでしょう。さらに、それらの事柄は必要不可欠であるがゆえに必ず継承されなければならず、そのため、怠けたり、覚えや態度の悪い男子弟は氏族の長老に木の枝で打たれて、厳しく指導されたということです。

次に、「育」はどのように解説されているのでしょうか。

【育】会意　𠫓《とつ》と月（肉）とに従う。𠫓は生子の倒形、生まれおちるときの形である。…（中略）…育は生子をさしていう語で、下部の月（肉）は、骨や胃が肉体表示の意であるのとは異なり、祭肉であろう。…（後略）[20]

すなわち、「育」は母親のお腹から生まれおちた子どもを母親が祭肉を与えるがごとく大切に成長させることを意味しています。

では、「育」を構成している𠫓と月（肉）にはどのような意味があるのでしょうか。

【𠫓】象形　子の生まれ出る形。…（中略）…頭毛を加えると、㐬《りゅう》となり、育の初文である毓《いく》は、婦人が子を生みおとしている形である。[21]

【肉】象形　切りとった肉の形。…（後略）[22]

なるほど、「子」の字を逆さまにすると「𠫓」の字に似た形になります。また「祭肉」は、古代中国では羊の肉のことでしょう。

さらに、前にも述べたように「育」は訓で「はぐくむ」とも読み、「親鳥が雛を育てる。羽で包むようにして、守り養育することをいう」。よって、「羽含む」（はくくむ）とも表します。「〈くくむ〉

には包むの他に、口移しに移し与える意味があるので、《歯莖む》とする説もある」。[23] 従って、「育」は親鳥が雛を羽で包むようにして守り育てるという意味も有しています。そこには、母親の温かい愛情と優しさ―すなわち大切に養うという気持ち―が強く感じられます。

このように、私たちが何気なく、無自覚的に使っている「教育」ということばには、対照的な二つの意味が備わっていることがわかります。

すなわち、「教」には木の枝で打つという厳しさをも含んで氏族の伝統や秘密の儀式などの文化の伝承という知育を促す意味合いが強く、「育」には温かい愛情と優しさの庇護の下で身体的な成長を促すとともに心の成長を促すという養育・徳育の色彩が濃いということです。言い換えれば、「教」には家父長的・父性的な意味合いが強く感じられ、「育」には母性的な色彩が濃いように思えます。

「教育」は、身体的な成長を促すとともに精神的な成長を促す行為であり、そこには家父長的・父性的な厳しさと母性的な優しさが兼ね備えられていたのです。

そして最も注目すべきことは、信頼や協調、融和、思い遣りなどの豊かな感情が育まれて「一定年齢」に達した子どもが氏族の伝統や秘密の儀式を教えられたということです。すなわち子どもは、家父長的・父性的な厳しさを伴った「教」に先立って、母性的な優しさによって「育」てられていたのです。温かく、豊かな「育」の上に厳しい「教」があるというのが、「教育」の原像だったのではないでしょうか。

◇'education'の語源

一般に、「教育」にあたる英語は'education'です。念のため、'education'を英和辞典で調べてみました。

【education】n. ①教育、陶冶、〔組織的〕教育、〔知識・技能の〕教授、学校教育。学校教育の段階。②〔教育を受けて得た〕教養、学問。③教育学（pedagogics）、教授法。④〔子供の〕養育。⑤〔蜜蜂・蚕などの〕飼養。〔動物の〕仕込み[24]。

と載っています。私たちが一般にいう「教育」にあたるといってよいでしょう。

さらに英和辞典をよく見ると、〔<L *educationem* <*educare* bring up〕と書いてあります。これは、英語の'education'の語源がラテン語の'*educationem*'であり、それはさらに'*educare*'に遡ることを示しています。

'education'の動詞形は'educate'であり、やはり［<L *educatum* <*educare* bring up, rear <*e* out of + *ducere* lead, draw →PRODUCE］[25]と書かれています。

さらに、'Britannica World Language Dictionary'（一九五九年）の'educate'の項を見ると、最後に、

〔＜L *educatus*, pp. of *educare* bring up ＜*educere*. See EDUCE.〕（P. 401）

とあります。

そこで、羅和辞典で調べてみることにしましょう。

まず、'*educatus*' です。

【educatus】*a, um, p.p.*〔*educo*^{1}〕(26)

と書いてあります。

そこで、'*educo*' を調べてみましょう。

【ēdŭcō^{1}】*āre, āvi, ātum, v.a.*〔*educo*^{2}〕（1）育て上げる、教育する、生長する。（2）教育する、しつける。(27)

'*educo*^{1}' の項をみると、まず初めに '*are, avi, atum,*〔*educo*^{2}〕と書かれています。これは、'*educo*' が '*educare, educavi, educatum*' と変化することを表しています。'*educare*' は '*educo*' の変化形であることがわかります。

次の〔*educo*^{2}〕は、「その項を見よ」ということでしょう。

さらに '*educo*^{2}' には、'*educo*^{1}' とは別の系譜の意味があることがわかります。

【ēdūcō^{2}】*ere, dūxī, ductum, v.a.*（1）引き出す　…（中略）…（7）育て上げる、養育する。(28)

'*educere*' は '*educo*' の変化形であることがわかります。しかも、この '*educere*' にあたる英語は

‘educe’だといいます。

では、英語の‘educe’にはどんな意味があるのでしょうか。また英和辞典です。

　【educe】v.t. (1)〔潜在している性格や能力など〕を引き出す。…を喚起する。(2)…を推断する、演繹する。(3)〔化〕〔化合物から〕…を抽出する。(29)

とあります。

英語の‘educate’と‘educe’は別々の語ですが、それぞれ語源はラテン語の‘educo’に遡り、「潜在している性格や能力などを引き出す」行為を「教育する」という行為と見做していったのではないでしょうか。ゆえに、‘educe’は、‘educate’の原型あるいは古層を成していたのではないかと考えられます。

ところで、J・J・ルソーが著した教育の聖書とも呼ばれる『エミール―その教育』の中に、とても興味深く、そして非常に示唆に富む記述があります。少々長くなりますが、抜粋して紹介します。

　わたしたちがほんとうに研究しなければならないのは人間の条件の研究である。わたしたちのなかで、人生のよいこと悪いことにもっともよく耐えられる者こそ、もっともよく教育された者だとわたしは考える。だからほんとうの教育とは、教訓をあたえることではなく、訓練させることにある。わたしたちは生き始めると同時に学びはじめる。わたしたちの教育はわたしたちとともにはじまる。わたしたちの最初の教師は乳母だ。だから、「教育」ということばは、古代においては、わたしたちがその意味ではつかわなくなっている別の意味を持っていた。それは「養うこと」を意味していた。『産婆はひきだし（エドウキト・オブステトリクス）、乳母は養い（エドカト・ヌトリクス）、師傅はしつけ（インスチトウイト・パイダゴグス）、教師は教える（ドケト・マギステル）』とワローは言っている。このように、養うこと、しつけること、教えることの三つは、養育者、師傅、教師がちがうように、それぞれちがう目的をもっていた。(30)

訳注によれば、ワローは紀元前一世紀のローマの博学者です。ルソーが引用したワローの文をラテン語にすると、

'*educit obstetrix, educat nutrix, instituit paedagogus, docet magister*'

となります。

'*educit*'が「引き出す」、'*educat*'が「養う」、'*instituit*'が「しつける」、'*docet*'が「教える」にあたります。

そこで、また先ほどの羅和辞典で調べてみましょう。

'*educit*'は、

【ēdūcō²】ere, dūxi, ductum, v.a. (1) 引き出す。…（後略）…(31)

'*educat*'は、やはり

【ēdūcō²】*ere, dūxi, ductum, v.a.* …（中略）… ⑺ 養育する。[31]

‘*instituit*’ は、

【instituo】*ere, stitui, stitūtum, v.a.* …（中略）… ⑾ ある人を教える、教化する。[32]

‘*docet*’ は、

【doceō】*ēre, docui, doctum, v.a.* ⑴ 教える。 ⑵ ある事について知らせる。…（中略）… ⑹ 教授する、講義する。[33]

と書かれています。

注目すべきは、‘*educit*’ と ‘*educat*’ がいずれも ‘*educo*’ を基本形とする同じ語であるということです。すでに調べたように、‘*educo*’ には「引き出す」という意味がありますが、ほかに「育て上げる」という意味もあります。しかも ‘*educo*’ というラテン語は英語の ‘education’ やその動詞形 ‘educate’ の基となる語です。ということは、ルソーも指摘しているように、‘education’ は、わたしたちが現在一般的に使っている「教育」という意味ではなく、「(産婆が新生児を母体から) 引き出すこと」、あるいは「養育」という意味で使われていたのです。それぞれ前者は「産」、後者は「育（あるいは養)」という一字に代替可能であり、「訓」でもなく、「教」でもなかったのです。

第二に興味深いのは、「教える」というラテン語の ‘*docet*’ にあたる英語の ‘doctor’ にはその意味がまったく残っていないが派生語の ‘doctrine’ に「(古)〔特に宗教的知識の〕教え、教訓」にかろうじて残っているのに対して、「しつける」というラテン語の 'instituit' に対する英語の 'institute' にはその意味がまったく残っていないということです。

ちなみに英語の 'doctor' を引いてみると、次のように書かれています。

【doctor】n. ⑴ 医者、医師。⑵ 博士。博士号、博士の資格。

vt. ⑴ …を治療する。

vi. ⑴ 医者をする、医者を開業する。⑵ 薬を飲む、治療を受ける、医者にかかる。

〔<L *doctor* teacher < *docere* teach cf. *docile, doc*・trine〕(34)

すなわち、'*doctor*' は 'teacher' に、'*docere*' は 'teach' にあたり、「教える」という意味が残っていますが、英語の 'doctor' そのものにはラテン語の '*docet*' の「教える」という意味はまったく残っていません。

このように、'education' の語源を辿ってラテン語を調べてみると、わたしたちが現在一般的に使っている「教育」という意味はなく、「(産婆が新生児を母体から) 引き出すこと」、あるいは「養育」という意味で使われていたことがわかります。すなわち、'education' は、「訓」や「教」という意味ではなく、「産」あるいは「育」にあたるべき語だったのです。それが時代を経るに従って「産」や「育」の意味は古語の領域に押しやられ、もっぱら「訓」や「教」という意味にのみ使われるようになりました。「引き出す」という意味が、「産婆が新生児を母体から引き出す」という具体的な意味から、「潜在している性格や能力などを引き出す」という抽象的な意味へと変化していったのではないでしょうか。そしてさらに、知識や技芸という具体的な対象を「教える」という意味へと変貌していったのでしょう。

福澤諭吉先生は『文明教育論』(一八八九年)において、

教育の文字甚だ穏当ならず、宜しく之を発育と称すべきなり。(35)

と指摘しています。すでに明治時代中期において'education'の本源的な意味を鋭く捉えて、「教育」という新しい熟語に対して異を唱えました。福澤先生が物事の本質を的確に捉える慧眼と、外国語の翻訳に卓越した感性を備えていたことが窺えます。

なお、付言すれば、'education'の「産」「養」「育」から「訓」「教」への変貌の過程において、「学校」の発生・発達が大きく関わっていたのではないかと考えます。

◇おわりに

人類の長い歴史の中で、いつの時代でも親やおとなが子に生きる術《すべ》を伝え、子を一人前の人とすべく氏族の伝統や生活の規範を教えてきました。その教育は、生活に基盤を置いた「産」や「養」「育」に重きがありました。すなわち教育でした。それは、触れ合いやことばといった無文字による口伝的・感覚的な伝達形態によって為されてきました。そこでは、「見る」「聞く」「話す」「触れる」などの五感を駆使することによって感性がおおいに磨かれたのです。

　ところが、十八世紀後半以降、自然科学の発達とそれに伴う科学技術の発展により飛躍的に知識が増大し、技術が高度化しました。当然、それらの知識や技術を伝えるべく、子を一人前の人にするための人為的な継承手段も大きく変化しました。すなわち、一般民衆を対象とした「学校」の発生・発達です。人類の歴史上かつてなかった「学校」を主体とした教育が行われるようになりました。特に集団教育の方法が確立していくと、ことばだけでなく文字による教育―すなわち「読み書き算」を中心とした教育―が一般的になり、氏族の伝統や生活の規範を教える教育から知識や技術を教える教育へと教育の比重が大きく移り変わっていきました。そして、その教育における地殻変動は、時とともにその傾向をより一層強めていきました。その過程で、氏族の伝統や生活の規範、それらによって培われるやさしさや思い遣り、協調、共感などの豊かな人間味溢れる感情は二の次に追いやられ、心を育む教育が脇に押しやられてしまうようになったのではないでしょうか。

　しかし、教育は「教」と「育」という両輪の均衡が調和されてこそ十全な機能を発揮するのです。人の誕生・成長過程からいえば、「教」に先立って「育」があります。これまで調べてきたように、

「教育」も‘education’の源流も「産」や「養」にあり、「育」の意味合いが強かったのです。まさに「育」は「教育」の中核であり、基礎だったのです。「育」という土台がしっかりできていてこそ、その上に「教」という構造が有機的に形成されたのです。「育」なくして「教」は十分に成り立たないともいえます。現代の教育が直面している諸問題の一因は、過剰な「教」にあるというだけでなく、「育」を軽んじてきた結果であるといえましょう。

ルソーは『エミール』の中で、

> 自然は子どもが大人になるまえに子どもであることを望んでいる。この順序をひっくりかえそうとすると、成熟してもいない、味わいもない、そしてすぐに腐ってしまう速成の果実を結ばせることになる。わたしたちは若い博士と老いこんだ子どもをあたえられることになる。(36)

と述べて、知識偏重の「教」による人の「促成栽培」を強く戒めています。

さらに、アメリカのベストセラー作家であり、農薬による環境汚染を指摘した『沈黙の春』の著者であるレイチェル・カーソンは、『センス・オブ・ワンダー』(Rachel Carson, ‘The Sense of Wonder’, 1956) において次のように述べて、子どもの感性や感情を育むことの重要性を強調しています。

わたしは、子どもにとっても、どのようにして子どもを教育すべきか頭をなやませている親にとっても、〈知る〉ことは〈感じる〉ことの半分も重要ではないと固く信じています。

子どもたちがであう事実のひとつひとつが、やがて知識や知恵を生みだす種子だとしたら、さまざまな情緒やゆたかな感受性は、この種子をはぐくむ肥沃な土壌です。幼い子ども時代は、この土壌を耕すときです。

美しいものを美しいと感じる感覚、新しいものや未知なものにふれたときの感激、思いやり、憐れみ、賛嘆や愛情などのさまざまな形の感情がひとたびよびさまされると、次はその対象となるものについてもっとよく知りたいと思うようになります。そのようにして見つけだした知識は、しっかりと身につきます。

消化する能力がまだそなわっていない子どもに、事実をうのみにさせるよりも、むしろ子どもが知りたがるような道をひらいてやることのほうがどんなにたいせつであるかわかりません。(37)


健全な心の働きなくして、知識は知恵になりえないのではないでしょうか。単なる知識注入の教育を打破し、知識を単に知識に留めることなく真の知恵としていくためには、心を十分に養い、身をもって活動することが大切でしょう。そして、その心を育てるのが「育」の役割です。

その意味で、混迷する現代社会において教育を考えるとき、知識を教える「教」とともに心を育てる「育」を大切に考えるという視点を取り戻すことが求められています。すなわち、「育」の復権が望まれているのであり、それは古語の領域に押しやられていた本源的な‵education′を取り戻すことでもあります。

「人間という生きものは情智ともにそなわってこそ〈人〉となるべきことを忘れかけている。情の裏うちなくしては智性おのずから鈍磨することに気づかなくなってきつつある…。」(3)という作家池波正太郎の指摘を「教育」において言い換えれば、「情智」を培うのが「教育」の役割です。さらに、「情」を養うのが「育」の役割であり、「智」を培うのが「教」の役割であるといえます。人にとって「情」と「智」の均衡・調和が大切であり、「情」「智」を養い培う「教育」においても「教」と「育」の均衡・調和が重要です。

「人間という生きものは教育ともにそなわってこそ人となるべきことを忘れかけている。育の裏うちなくしては教おのずから鈍磨することに気づかなくなってきつつある」と言えるのではないでしょうか。

＊本稿は、全校保護者会（二〇一六年五月二一日）での講演を収録した「仔馬」〔第68巻第2号〕（二〇一六年七月一五日）所収に加筆修正したものです。
初出：「幼稚舎シンフォニー'98」（一九九八年一二月五日）所収。

〈注〉

(1) Jean-Jacques Rousseau, "Emile, ou de l' éducation." , 1762. ジャン・ジャック・ルソー、今野一雄訳、『エミール』、岩波書店、一九七三年、(上) P.119。
(2) 尚学図書編、『故事ことわざの辞典』、小学館、一九八九年、P.1080。
(3) 池波正太郎、『鬼平犯科帳』、文藝春秋、一九七四年、(一) P.97。
(4) 松村　明編、『大辞林』、三省堂、一九九五年、P.643。
(5) 新村　出編、『広辞苑』(第三版)、岩波書店、一九八三年、P.614。
(6) 前掲『大辞林』、P.340。
(7) 前掲『大辞林』、P.1477。
(8) 前掲『大辞林』、P.2060。
(9) 白川　静、『字統』、平凡社、一九八八年、P.195。
(10) 前掲『広辞苑』、P.2504。
(11) 前掲『広辞苑』、P.1178。
(12) 前掲『広辞苑』、P.1044。
(13) 前掲『広辞苑』、P.380。
(14) 吉田精一監修、『国語実用辞典』、旺文社、一九八七年、P.565~566。
(15) 新村　出編、『広辞苑』(第七版)、岩波書店、二〇一八年、P.1863。
(16) 『大百科事典』(平凡社、一九八五年) 14・P.821の「メラネシア人」の項に、「メラネシア社会の中では女との接触は危険であり、力が弱められると信じられ、男は別の家で寝起きするのがよいとされている。部族によっては男子集会所（メンズ・ハウス）があり、成人男子が起居をともにしている。女は一般に秘密結社や男の集団から遠ざけられた。」という記述があります。

(17) 前掲『字統』、P.286～287。
(18) 前掲『字統』、P.358～359。
(19) 前掲『字統』、P.804。
(20) 前掲『字統』、P.25～26。
(21) 前掲『字統』、P.662～663。
(22) 前掲『字統』、P.669。
(23) 白川　静、『字訓』、平凡社、一九八七年、P.608。
(24) 旺文社編、『旺文社英和中辞典』、旺文社、一九七五年、P.621。
(25) 前掲『旺文社英和中辞典』、P.621。
(26) 田中秀央編、『研究社羅和辞典』、研究社、一九六六年、P.209。
(27) 前掲『研究社羅和辞典』、P.209。
(28) 前掲『研究社羅和辞典』、P.209。
(29) 前掲『旺文社英和中辞典』、P.621～622。
(30) 前掲『エミール』（上）、P.31～32。
(31) 前掲『研究社羅和辞典』、P.209。
(32) 前掲『研究社羅和辞典』、P.318。
(33) 前掲『研究社羅和辞典』、P.202。

(34)　前掲『旺文社英和中辞典』、P.579。
(35)　富田正文編、『福澤諭吉全集』、岩波書店、一九六〇年、第十二巻P.220。
(36)　前掲『エミール』（上）、P.125。
(37)　Rachel Carson, "The Sense of Wonder", 1956. レイチェル・カーソン、上遠恵子訳、『センス・オブ・ワンダー』、佑学社、一九九一年、P.22～23。

4 「読み書き」という識字文化の基底をなす「聞き話し」という口承文化

◇はじめに

かつて朝日新聞にサトウサンペイの四コマ漫画「フジ三太郎」が連載されていましたが、二十八年前の一九八九年九月十一日に次のような風刺漫画が掲載されました。この風刺漫画は、当時すでに「心の風化」ともいうべき現象が進みつつあったことを表しています。

それから十年ほど経った一九九九年二月二十一日付けの読売新聞「編集手帳」には、こんな記事が載りました。

『シルバーシートに座ろう会』という変わった会が、盛岡市で発足した。真っ先に座って座席を確保、お年寄りが乗ってきたらそれをさっと譲る◆メンバーは中高年の男性会社員九人。かねて優先席を占拠する若者などに注意はしてきた。が、その都度気まずさが残る。それならと考えた対抗策がこれだ。なるほど、いい手かもしれない◆旗揚げは先週紹介した阪急電鉄の全席優先席化に後押しされてのことという。……（中略）……基地の街横須賀育ちという女性の目撃談にはため息をつくほかなかった。『お年寄りの姿が乗車口に見えた瞬間、あちこちに座っていたアメリカ人が六人も、一斉に立ち上がったのです』◆これなら優先席はいらない。全席優先席とわざわざ強調する必要もない。これこそが阪急電鉄が最終的に目指す文化でもあろう。が、われ先に立つためにわれ先に座るという皮肉な現実を思えば、道は遠い。

今の日本は、当たり前のことが当たり前に現れにくい人々の心情と社会になりつつあるのかもしれません。一般的にいえば、現代の日本の社会は福祉や弱者へのいたわりを制度化しました。確かに制度化することはしましたが、思い遣りの制度化はできても、その心情はむしろ空洞化してきているのではないでしょうか。

三年後に没後百年となる社会学の泰斗マックス・ウェーバー（Max Weber, 1864-1920）は、二十世紀の資本主義の行く末に「末人たち」（letzte Menschen）、すなわち「精神のない専門人、心情のない享楽人」(1)の跋扈《ばっこ》を予測しましたが、その予測は現実のものとなっているように思えます。

そのような思いでいたところ、「衣食足りて礼節を知る」という一文が思い浮かびました。

この一文を正確に記すと、

倉廩実則知礼節、衣食足則知栄辱(2)

となります。

これは、古代中国・斉の桓公をして春秋時代の覇者たらしめた名宰相・管仲の言行録『管仲』の「牧民」篇にある一節です。

この文を読み下すと、「倉廩《そうりん》実《み》ちて則《すなわ》ち礼節を知り、衣食足りて則ち栄辱《えいじょく》を知る」となります。「倉の中が穀物でいっぱいになり、生活が安定して初めて礼節や節度をわきまえるようになり、衣食に困らなくなって初めて道徳心を持ち、名誉と恥辱の別をわきまえるようになる」という意味です。なるほど、経済的に豊かになり、生活に困らなくなって礼儀や節度を重んじるようになり、栄誉や恥辱に気遣えるようになるのでしょう。

それでは、ものが有り余るほど溢れている現代においては、「礼節」が行き渡り、「栄辱」がわきまえられているのでしょうか。冒頭に紹介した二つの例を見てもわかるように、残念ながらそうなっているとは言い難いように思えます。どうやら、管仲の意図に反して、経済的に豊かになり、生活に困らなくなると、「倉廩実ちて則ち礼節を失い、衣食足りて則ち栄辱を忘れる」という逆説的な現象が生じるようです。

それはまさに、孟子が、

飽食煖衣、逸居而無教、則近於禽獣(3)

と指摘した通りです。

すなわち、「飽食暖衣、逸居して教えなければ則ち禽獣に近し」です。「食べたいだけ食べ、ぬくぬくと暖かい衣服を着て、為すこともなく過ごして儒教という徳育を為さなければ、禽や獣とかわらない」という意味です。

二千年以上も前の中国における戒めが、二十一世紀の現代においてもなお色褪せず、それどころかなおさら光芒を放っているようにすら思えます。それは、とりもなおさず、人間を人間たらしめている本質が変わっていないことを示しています。

作家の池波正太郎は、

現代《いま》は人情蔑視の時代であるから、人間という生きものは情智ともにそなわってこそ〈人〉となるべきことを忘れかけている。情の裏うちなくしては智性おのずから鈍磨することに気づかなくなってきつつある…(4)

と指摘しています。

この「情」とは言い換えれば「心」のことであり、冒頭に紹介した風刺漫画やコラム記事はその

「心」の衰《おとろ》えの現れであり、「情」に薄い例です。ウェーバーのいう「精神のない専門人」も「心情のない享楽人」も、「情の裏うちにかけた鈍磨した智性」しか持ち合わせない人々のことをいうのでしょう。

情報革新時代の現代において、なぜ「精神」や「心情」が欠如し、「心の空洞化」が進行して対人関係を円滑に結べない接続不良を起こすようになってしまったのでしょう。「精神」や「心情」の欠如には、新たな「非識字」がもたらす「批判的で主体的な自我」の形成不全が深く関わっているように思えます。

ここでは、「精神」や「心情」の欠如と、新たな「非識字」がもたらす「批判的で主体的な自我」の形成不全の関係を明らかにし、「批判的で主体的な自我」の形成には〈読み書き〉が決定的な役割を果たしており、さらにその基底をなす豊かな〈聞き話し〉が不可欠であるという視点から、改めて〈読み書き〉と〈聞き話し〉の重要性を訴えたいと思います。

◇他者への意識の欠如

ある程度の年齢になると、周囲の人々を意識するようになるし、また意識することができなければなりません。その帰結として、時と所と場合（time, place, occasion）に応じた言葉遣いや態度、行動、服装などが求められます。その中でも、「公私の区別」は大切な要素の一つでしょう。

ところが近年、「公私の区別」という意識がまったくないのではないかと思える光景をしばしば見かけます。いくつか例を挙げてみましょう。

・電車やバスの中で、化粧品を出して化粧し始める女性
・「優先席付近では携帯電話の電源を切り、それ以外の場所ではマナーモードに設定の上、通話はご遠慮ください」と車掌が乗客に「ご協力をお願い」していますが、そんなことにはお構いなくあちこちで呼び出し音が鳴り、大きな声で話し始めるシニア婦人
・三つボタンのスーツを着て、電車やバスの中で漫画週刊誌を読んでいる男性会社員
・地下鉄の車内で、コンビニ袋からおにぎりやパンを取り出して頬張る若い人
・地下鉄のドア付近にドカッと座り込んで、清涼飲料を飲みながら漫画週刊誌を読んでいる制服姿の男子高校生
・到着した地下鉄に我先に走り乗って座席に座り、カバンから取り出したスマートフォンでゲームを始める私服姿の男子中高校生

冒頭で紹介した風刺漫画やコラム記事でも、右に挙げた車内での光景でも、共通していることは、自分の周りに多くの人がいながら意に介す様子は見受けられず、他者が意識にないということです。それは、関心がないという以上に、なんら感情や心遣いが働いていないということです。まさに「傍

若無人」、「傍《かたわ》らに人無きが若《ごと》し」です。

コンピュータや携帯電話、スマートフォンなどの情報通信機器の飛躍的な発達によって、情報伝達はますます高速化し、しかも時間と空間の制限を超えて、いつでも、どこでも、だれとでも「接続」可能になってきています。ところが、これらの情報通信機器を使ったコミュニケーションがますます加速化していながら、身近にいる生身の人間と「接続」できず、円滑に交流することができないという事態が生じています。まことに奇妙な現象と言わざるを得ません。

「コミュニケーション」とは、電話やファクシミリ、パーソナルコンピューター、携帯電話、スマートフォンなどの情報通信機器による伝達・通信をも含みますが、その基本は、目の前の、今その場にいる人との会話や議論、意思の疎通のことであり、さらにことばを介することはなくとも、人への心遣いをも含むものです。そうであるからこそ、ギクシャクすることなく、周囲の人々と円滑な状態を保つことができるのです。他者への意識が欠如していては、コミュニケーションがうまく機能するはずがないのです。

◇「コミュニケーション」の意味

英語の「コミュニケーション」'communication' は、今では日本語として市民権を得て、広く一般的に使われています。それは、「伝達」「通信」「意思の疎通」といった意味でしょう。しかし、外国語をそのまま日本語として使う場合、気をつけないと意味の微妙な差異を見落とし、思わぬ誤解を生ずることも少なくありません。

そこで、改めて英和辞典で'communication'の意味を調べてみました。

【communication】n. 1伝達、〔病気の〕伝染。2通信、通話、文通、伝達。3報道機関、情報伝達技術。4手紙、便り、消息、伝言。5学会発表論文。6交通、交通機関。7〔軍〕伝達〔機関〕、連絡〔機関〕、兵站組織。

◇communicate v., communicative adj.(5)

「交通」「交通機関」などの馴染みのないものもありますが、一般的に'communication'は先程挙げた意味として捉えてよさそうです。

さらに、'communication'の動詞である'communicate'を調べてみましょう。

【communicate】vt. 1〔思想・意志・情報など〕を伝える、伝達する、~を知らせる、通知する。2〔熱・運動など〕を伝える、〔病気〕をうつす。…（以下省略）

vi. 1通信する。2通じる、連絡する。…（以下省略）

◇communication n., communicative adj.〔〈L *communicare* share（v）〈*communis* common＋=ATE〕(6)

'communicate' は、ラテン語の '*communicare*' に由来するということです。さらに '*communicare*' は '*communis*' に遡り、それは英語の 'common＋=ATE' と同義であるといいます。

そこでまずラテン語の '*communicare*' を調べてみると、'*communicare*' は動詞 '*communico*' の活用形だということがわかりました。

【*communico*】*are, avi, atum, v.a.*〔*communis*〕1共同する、一にする。2共にあずかる、共有する。3分配する、ある事に関与させる。4許す、与える、呈する。5ある人に伝達する、ある人と協議する、ある人と諒解し合う。(7)

次に 'communis' を調べてみました。

【*com-munis*】e, adj.〔cf. *munus*〕1共有の、共通の、共同の。2一般の、通常の、日常の、公共の、普通の。3愛想のよい、如才ない、平民的な。(8)

'*com-munis*' という表記から、'*com-*' と '*munis*' の複合語であることがわかります。

【*com-*】（古形）＝*cum*＝、（古典時代にはただ複合語のある場合にのみ）。(9)

【*cum-*】prep.c.ab 1. 1～と一しょに、ともに。3～と共同で、結んで。7～の中で、～の下に、～の間に。(10)

【*munis*】e, adj.〔cf. *munus*〕義務を果す、喜んでする、親切な。(11)

【*munus*】*neris*, n.〔cf. *munia*〕1義務、責任、任務、職、負担、賦課。2業績、成果。3好意、親切。5贈物。(12)

【*munia*】*orum*〔*ium*〕, n.pl.〔cf. *moenia, munus*〕義務、職務。(13)

【*moenia*】*ium, n.pl.*＝*munia.*(14)

このように類語を辿ってみると、'*com-munis*' とは、「共通の義務」とか「共有する親切」といった意味らしいということがわかります。

ラテン語の '*communis*' と同義の英語の 'common＋ATE' の意味も調べてみましょう。

【common】adj. 1共通の、共同の、共有の。2一般の、公共の。3一致した、団結した。…（中略）…

5通例の、よく起こりうる、ありふれた。6普通の、並みの、平凡な、…。7通俗な、劣った。…（以下省略）…。

―n. 1共有地、公有地、公園、〔共同で使用する〕囲いのない荒地、牧草地。…（以下省略）…。

◇commonage n. 〔F *commun* 〈L *communis* 〈*com*-together＋*munis* serving, obliging〕(15)

【-ate】suf. 1-edの過去分詞形容詞の意に相当する形容詞をつくる。2動詞の接尾語。3havingの意の形容詞をつくる。(16)

したがって、‘common＋ATE’は「共通化された」「共通性を持った」「共有された」などといった意味です。

さらに、‘*com*-together＋*munis* serving, obliging’について調べてみましょう。

【together】adv 1共に、一緒に、連れ立って。2一緒に〔なるように〕して、一つに〔なって〕、合わせて、合わさって。3総合してひっくるめて。4きちんと、きっちりと、首尾一貫して。5同時に、いっせいに、一度に。6続けて、連続して。7協力して、共同して。8互いに、相互に。

◇togetherness n. 〔OE togœdere 〈to to＋geador together：同系語gather〕(17)

【gather】vt. 1［1か所に］〔人・動物・物など〕を集める、寄せ集める。…（以下省略）…

〔〈OE gaderian〈geador together：同系語 together〕[18]

‘serving’は‘serve’の、‘obliging’は‘oblige’のそれぞれ動名詞なので、‘serve’および‘oblige’を調べてみましょう。

【serve】vt. 1～のために働く（尽くす）、～に仕える、奉仕する。…（中略）…5～に役立つ、貢献する…（中略）…6～の要求を満たす…（以下省略）…。
—vi. 1仕える、奉公する、奉仕する。…（以下省略）…。
◇service n.〔〈F *server*〈L *servtre* serve：同系語 *conserve*, deserve, preserve, reserve〕…（以下省略）…。[19]

‘serve’の語源であるラテン語の‘*servtre*’は、‘*servio*’の活用形です。

【*servio*】*ire, ivi*〔*ii*〕, *itum*, v.n. 1奉公する。2勤める、尽くす。3好意を示す、従う。4有用である、役に立つ。[20]

【oblige】vt. 1～に強いる、無理にさせる、余儀なく～させる、〔人〕を拘束する、～に〔道徳的・法律的な〕義務を負わせる。2～恩恵〔恩義〕を施す、～を喜ばせる。…（以下省略）…。
—vi. 好意を示す。
◇obligation n.obligatory adj.〔〈F *obliger*〈L *obligare*〈*ob* down＋*ligare* bind〕[21]

'oblige'の語源であるラテン語の'*obligare*'は、'*obligo*'の活用形です。

【*ob-ligo*】*are, avi,* atum.v.a. 1結び付ける、つなぐ、結び合わせる。2義務づける、責を負わせる…

（以下省略）…。(22)

'serving'も'obliging'も、いずれも「好意を示す」という意味を有していることがわかります。すなわち、'communication'の語源であるラテン語の'*com-munis*'には「義務」のほかに「好意」「親切」という意味があり、'*com*-together + *munis* serving, obliging'には「互いに好意を示す」という意味のあることがわかります。'communication'には、「ともに」「互いに」という意味の接頭語'com-'を冠するゆえに、「相互に作用する」（'interactive'）という意味合いが強く感じられます。一方から他方への一方的な伝達ではないのです。

'communication'とは意志や情報の単なる伝達ではなく、その伝達行為の根底には他者を思い遣る「互いの好意」という心情がしっかりと存在していたのです。

◇新たな「非識字」現象

一九七四年以降、日本の高等学校への進学率は90％を超えました。その後徐々に増えて一九九二年以降95％を超え、総務省統計局の学校基本調査によれば二〇一三年の高等学校進学率は96・6％に達して過去最高となり、(23)後期中等教育がもはや国民皆教育的状況となっていることを示しています。同調査によれば、高等教育段階である四年制大学への進学率も49・9％に達したといいます。(23) 日本は世界でも有数の教育普及国といえます。特に99％以上という高い識字率は、日本が世界でも最高水準の教育国であることを示しています。

にもかかわらず、新たな「非識字」ともいえる現象が顕在化しつつあるといわれています。では、新たな「非識字」現象とはどういうことなのでしょう。

発展途上国にみられるように、貧困などの経済的な理由によって学校教育を受けられずに読み書き計算が学べないというこれまでの「非識字」（文盲）に対して、義務教育の対象となっている小・中学校どころか、高等学校以上で学校教育を受けて十分な読み書き計算を学んだにもかかわらず、それらの学習が十分身についていない状態を新たな「非識字」といいます。それは、中学校どころか小学校で学習した漢字すら十分に読み書きできず、小数や分数の計算が満足にできない大学生が少なくないという現象のことです。この現象は、高校生や大学生に限らず、青年層に広がっているといいます。

新たな「非識字」現象は、日本だけでなく、すでにアメリカ合衆国でも大きな社会問題になりました。

ロナルド・レーガン大統領の政権下にあった一九八三年に発表された、連邦政府の教育長官の諮問機関による答申『危機に立つ国家—教育改革への至上命令』（'Nation at Risk.'）は、「政府報告書としては異例の大反響を呼んだ」(24)といわれます。それは、副題に「教育改革」の文字があるように、「アメリカ合衆国建国以来最大の読み書き能力の危機」(25)を警告しました。

アメリカでベストセラーとなったペンギン・ブックスの一冊、ジム・トレリースの『読み聞かせハンドブック』（'The Read-Aloud Handbook.', Jim Trelease, 1982. 亀井よし子訳、高文研、一九八七年）は、アメリカの新たな「読み書き能力の危機」、すなわち新たな「非識字」現象を具体的に挙げ、子どもや青少年の言語能力を向上させる有効な対策として「読み聞かせ」を提唱して、その重要性を訴えました。その著書の中でトレリースは、現代のアメリカの状況を「ちょっと指で操作すれば、たちどころに電子の情報が手に入り、宇宙衛星が茶の間にこの世の驚異と刺激を持ち込むような時代」(26)にもかかわらず、「識字率低下のとりわけ著しい時代」(26)と評しています。同書が取り上げている新たな「非識字」現象をいくつか紹介してみましょう。

◇いまは、この国の教育省が、成人の五人に一人は実質的な文盲で（成人の20パーセントは缶詰のラベルにある説明書きを読めない）、34パーセントはわずかしか読み書きができない（かろうじて封筒の表書きができる程度）と発表するような時代である。(27)

◇アメリカの短期大学、四年制大学の81パーセント（アイビー・リーグといわれるいわゆる超名門校も含む）は、新入生に読書力・作文力補強指導クラスを設ける必要に迫られている。一九八〇年、カリフォルニア大学ではそのための専任講師（常勤）を280名雇い入れ、大学生に高校生レベルの読み書きを教えた。(28)

一九七〇年から八〇年のあいだに、読書力補強指導クラスに入れられたプレパラトリー・ハイスクール（訳注：いわゆるプレップスクール。名門大学進学のための超一流私立進学高校）の生徒は900パーセント増となった。(29)

◇わが国の成人の44パーセントは、一年に一冊も本を読まない。(30)

◇アメリカ国民のわずか10パーセントが、書籍全体の80パーセントを読んでいる。(31)

◇アメリカのニューススタンドで最も売れ行きがよい週刊誌は『TVガイド』で、第二位は…あの『ナショナル・エンクワイヤラー』なのである。〔どちらも〕読み書きのできない移民が読んでいるのではなく、この国の家庭と学校で育った人々が読んでいるのである。(32)

アメリカにおける新たな「非識字」現象がこれほど深刻な事態に陥っていたとは、驚くばかりです。

さらに、

＊『滅びゆく思考力』（西村辨作／新美明夫訳、大修館書店、一九九二年）
Jane M. Healy, Endangered Minds : Why Our Children Don't Think. 1990.
＊『よみがえれ思考力』（西村辨作／原幸一訳、大修館書店、一九九四年）
Jane M. Healy, Your Childs Growing Mind A Practical Guide to Learning and Brain Development from Birth to Adolescence. 1994.
＊『コンピュータが子どもの心を変える』（西村辨作／山田詩津夫訳、大修館書店、一九九九年）
Jane M. Healy, Failure to Connect : How Computers Affect Our Childrens Minds, for Better and Worse. 1998.

などの一連の著作において、ジェーン・ハーリーは、テレビやコンピュータなどの電子メディアが子どもの脳の成長に与える影響と識字能力や思考力の低下との関係について論究し、このままでは危機的な状況に至ると警鐘を鳴らしています。

◇今日アメリカの読み書きのレベルは急速に低下している。…アメリカで読み書きのできない人口の頻度はかなり危険な高さになっており、二三〇〇万人以上のアメリカ人労働者が就職競争に必要な読み書く技能に事欠くという事実が社会を驚かせている。読み書きができる者でもその興味と力は落ちており、読める者まで が読まなくなっている。(33)

◇若者の約90％は簡単な文章であれば読むことができる。しかし、その大多数は小学生レベル以上のテキストの理解が困難である。(34)

◇よく本を読む子どもは、生活の中で読書を大切にしている家庭の子どもであることは疑う余地のない事実であるが、しかし多くの親は自分自身では読書しないのである。アメリカで出版される書籍の80％はわずか10％の人だけに読まれているのである。(35)

◇〔ニューヨーク大学のバーナイス・クリナンの調査報告を引用しながら〕クリナンはさらに、われわれの社会はだんだんと読み書きしない社会になっていると指摘している。「ここで読み書きしない人というのは、読み方は知っているのに読まない人のことです。新聞の見出しだけを追い、テレビのスケジュールだけを眺める人がいます。彼らは楽しむための読書をしませんし情報を広く読みとりません。…」

アメリカの本の重要な読者層は確実に年老いており、若返りの兆しはみせていない。(36)

ほかにも、

＊ニール・ポストマン、『子どもはもういない―教育と文化への警鐘』（小柴一訳、新潮社、一九八五年）

Neil Postman, 'Disappearance of Childhood.' 1982.

＊マリー・ウィン、『子ども時代を失った子どもたち』（平賀悦子訳、サイマル出版会、一九八四年）

Marie Winn, 'Children without Childhood.', 1983.

＊スヴェン・バーカーツ、『グーテンベルグの挽歌―エレクトロニクス時代における読書の運命』（船木　裕訳、青土社、一九九五年）

Sven Birkerts, 'The Gutenberg Elegies.', 1994.

＊バリー・サンダース、『本が死ぬところ暴力が生まれる―電子メディア時代における人間性の崩壊』（杉本　卓訳、新曜社、一九九八年）

Barry Sanders, 'A is for ox : Violence, electronic media, and the silencing of the written word.', 1994.

などが電子メディア時代における読み書きや思考力の低下について鋭く論究しており、いずれも読み応えのある好著です。

日本でも先に述べたように、中学校どころか小学校で学んだ漢字の読み書きや小数、分数の計算を十分身につけていない青少年が少なくないといいます。

日本の学校ではどのような状況なのでしょうか。

◇漢字がきちんと書けない生徒が多くなっているし、平仮名もあやしい生徒がいる。文章などまともに書ける生徒はぐんと減った。(37)

◇実際、高校に入学してくる生徒の中には、九年間も授業を受け、数え切れないほどのテストを受けているにもかかわらず、教科書さえまともに読めない子がたくさんいます。本を読まない子の多くは、実は本が読めない子なのです。(38)

◇〔小学校の算数の問題〕

問1　$\frac{7}{8}-\frac{4}{5}$

問2　$\frac{1}{6}\div\frac{7}{5}$

問3　$\frac{8}{9}-\frac{1}{5}-\frac{2}{3}$

問4　$3\times\{5+(4-1)\times2\}-5\times(6-4\div2)$

問5　$2\div0.25$

〔全問正解率〕

国立最難関大学（文学部）　90％

私立最難関大学（文学部）　70％

私立下位大学（経済学部）　58％

中国の最難関大学（哲学科）　100％(39)

◇中学で習う小数の四則演算に取り組んだ理系の大学一年生のうち、国立トップ校の工学部で一割、地方国立校の理学部では四割が間違えたという調査結果が〔平成12年8月〕9日まとまった。技術者の卵の心もとない現実に、教育現場からは驚きと共に「実感が裏付けられた」との声もあがっている。…（中略）…このうち、中一で習う小数の四則演算（問1）の正答率は、最難関といわれる国立大学工学部で91％、10人に1人が間違えたことになります。東日本の旧帝大の工学部では33％、私大トップ校の理工学部では20％、西日本の国立大理学部では42％がそれぞれつまずいた。同じく中学で習う連立一次方程式（問2）は、東日本の旧帝大工学部の16％、私大一流校の理工学部の15％が不正解という結果に。三角関数の基本が問われる問3、簡単な確率の文章題（問4）のような、理系学生にとっては基礎的な問題でも、先の私大理工学部や首都圏の国立大工学部で14％、24％、西日本の国立大理学部になると35％、66％が間違えた。…（以下省略）…

〔問題〕

1．$\{1+(0.3-1.52)\}\div(-0.1)^2=\square$

2．$\frac{x+y}{3}=\frac{3x+2y}{4}$

$3(x-2y)=3x-y+5$

を満たす（x, y）は□である

3．Aが鋭角で$\tan A=\sqrt{3}$であるとき、$\cos A=\square$である。

4．三人でジャンケンをする。三人とも違う種類を出す確率は□である。(40)

◇大学生が小学生レベルの小数や分数計算を間違えるなんていうのはもう慣れた。それより深刻なのは、論理的に考える訓練がまるでできていないこと。(41)

◇この本〔『ミクロ経済学入門』、西村和雄、岩波書店〕は、それまで微分を使うのが当然だった経済学書にあって、連立方程式レベルの数学力で理解できる分かりやすさが特徴だったため、多くの大学の入門用の教科書として使われた。だが、80年代終わりになると、この教科書でさえ「今の学生には難しすぎる」という声が届くようになった。(42)

このように、中学校から大学まで、それぞれの教育段階で新たな「非識字」現象がかなり進んでいるようです。

さらに、二〇〇〇（平成十二）年の新聞の論説から新たな「非識字」現象を捉えてみましょう。

◇字を読み、字を書く能力は、教育水準を判断する手がかりになる。日本の社会では、漢字がちゃんと書けるかどうかが、教養の程度を示してもいた。ところが、ふだんワープロやパソコンを用い、自分で字を書く機会が少ない時代には、新たな〝非識字現象〟が起きるらしい。▼最近、マスコミ志望の大学生の論文を採点して驚いた。かなりの誤字を事前に想定していたが、現実は想定を越える。「迎える」を「向かえる」と書く人が三人や四人ではない。税金の「徴収」を「徵収」と書いた人もたくさんいた。「徵」の方が感覚に合うからだろうか。「比躍的」（飛躍的）や「希待」（期待）も雰囲気は出ていたが…。▼思わず絶句したのは「活気的」。ワープロなら確実に「画期的」と変換してくれるのに、一時期を画するという日本語が人の頭脳のメモリーには入っていないようだ。形が部分的に似ている字を当てた例も多い。「賛成」（賛成）、「量重要」（最重要）、「捉す」（促す）などまるで判じ物だが、本人はいつもそう書いているのだろう。▼単なる学力不足とも言い切れない。「抑止力」という難しい用語を使うつもりで、「仰止力」と書いた例もあった。漢字の意味を踏まえず、視覚的に記憶しているらしい。表意文字である漢字を、ビジュアルな記号や表音記号として認識する時代なのか。今の大学生の書く文章は、オーディオ・ビジュアル時代の国語学習の問題点も示している。(43)

◇…▼仕事の報告書や論文から手紙までワープロ・パソコンが一般化して、日本人は漢字をキーボード入力によるローマ字変換で表すことに慣れた。身体と頭脳を行き来する思考の運動の結果だった「漢字を書く」という行為が、これでどう変わったか。今月の雑誌『文学界』が文学者百四十人に聞く特集を組んでいる。▼ワープロ入力でローマ字と親しんだ体が「漢字を忘れる」という現象を生んで文化を停滞させる。だから機械任せは事務用に限り、学校や家庭に字を書くことを復活させよ。そんな書家の石川九楊氏の刺激的な論文に対しておおむね肯定的な答えが多いが、趣旨には賛同しながら「時代の流れを止めることはできない」というのが平均的な意見のようでもある。▼表意文字の漢字は単なる記号ではない。書く時には筆触や音韻が伴い、人は無自覚のうちに風景や心象を重ねて推敲している。ローマ字と変換キーはそのプロセスを遮断する。インターネット時代が日本語の運命を揺るがしている。(44)

◇自実、利由、動入、想談。なんとも奇妙な字面に、書いていても落ち着かない気分になる。正しくはもちろん事実、理由、導入、そして相談◆大学教員の友人が最近の学生の「誤字リスト」を見せてくれた。期末テストで課している小論文から拾い集めて作ったものだ。辞書の持ち込みを許しているが、それでも誤字は後を絶たないという◆…一つずつ漢字の意味に立ち入って考えれば分かりそうなものだが、悲しいかなこれが今の大学生の実態らしい…。(45)

どうやら、日本においても新たな「非識字」現象は確実に進行しているようです。基礎学力を根底から揺るがす新たな「非識字」現象は、ただ読み書き計算が十分にできないということに止まりません。読み書きが十分にできないことによって、読み書きをしようとしないところにさらなる問題があります。それは、読み書きしないことにより、その興味と力が低下してしまい、ますます読み書きできなくなるという悪循環に陥《おちい》ってしまうことです。読み書きできる人まで読み書きしない傾向が強まっています。

他者への意識の欠如や「接続」不良は、新たな「非識字」がもたらした「批判的で主体的な自我」の形成不全によって引き起こされた現象の一例です。読み書きの向上を阻《はば》み、新たな「非識字」を助長し、「批判的で主体的な自我」の形成を妨《さまた》げているものの一つが電子情報機器であり、とりわけ広く家庭に普及して広範な影響力を持つテレビです。

◇「読み書き」能力を鈍磨させるテレビ

テレビは、手軽に、素早く情報を入手したり、ドラマや映画、音楽などを楽しめるため、広く普及しました。しかし、テレビは映像を主体としたメディア（'media' 情報伝達手段）であることから、その大きな影響力に様々な功罪が指摘されました。

日本のテレビ放送は一九五三年（昭和二八年）に始まりましたが、その三年後の一九五六年に大宅壮一はテレビを称して「一億総白痴化」(46)と評して、すでにその影響を危惧していました。

……新しいマスコミとして登場したばかりのTVは眼でみるという特性からも、当然まず〝興味〟で人を釣ることを考えた。興味に訴えることがかならずしも悪いとはいえないが、はげしいダイアル争奪、視聴率競争は、そのまま放っておけば、興味の質を考える暇がなくもっぱら度の強さをきそうことになる。……（中略）…。質を考えずに度だけを追っていくと、人間のもっとも卑しい興味をつつく方向に傾いていく結果となる。…（中略）…。刺激が過剰になり、刺激の度をますます強くしなくてはいけない状態が続けば、その刺激のない平常の時間に人はボンヤリしてしまう。痴呆化するということである。…（以下省略）。(47)

今から六〇年ほど前の指摘であることを思えば、驚くべき慧眼です。良識ある、優れたテレビ番組も少なくありませんが、いつ頃からか番組の多くはまさに指摘のごとく経緯を辿ってきたといえましょう。「質を考えずに度だけを追っていく」番組や「刺激が過剰」な番組のほとんどは、マナー壊しのような内容ばかりです。「藝を売らずに、不作法を売っている」(48)ような芸能人が多く、番組を制作しているテレビ局もアンチマナーやノンエチケットでいけば間違いなく視聴率が上がるという発想のようです。番組のスポンサーである企業も多くの視聴者にコマーシャルを見せることだけしか考えていないように思えます。コマーシャルの内容も、派手な画像や騒がしい音で構成され、刺激過剰のものが少なくありません。質の高い番組のスポンサーになったり、優れたコマーシャルを放送することによって自社のイメージアップを図るという発想が企業にもあまりみられません。さらに視聴者もアンチマナーやノンエチケットを売りものにする番組を無節操、無批判に見て、視聴率を上げています。まさに、「見事に〔一億総白痴化の〕〝化〟という傾向を表す言葉は取れた、と思」(49)わずにはいられません。毎日新聞「余録」に、次のような紹介がありました。

……▲「あざ笑う」という笑いは、日本人の笑いの主流になったのであろうか。テレビ番組の研究に来日した中国人プロデューサーが首をひねる。「日本で人気のあるお笑い番組は、強いものが弱いものをいじめて笑うのが多い。どこが面白いのですか」▲……。(50)

中国人プロデューサーの「どこが面白いのですか」ということばには、不可解であるという域を超えて、不快であるという響きを感じます。鈍化していない「情に裏うちされた智性」からすれば、ごく自然な反応なのでしょう。このように、最近のテレビ番組はアンチマナーやノンエチケットを売りものにした「道徳壊し」（'moral hazard'）を垂れ流しているものが少なくありません。しかもそれらは、見苦しい映像と品のないことばによってなされているのです。「残念なことに、今日のテレビはただひたすら娯楽のみを追い求めており、それが持つ本来の可能性を生かす努力をしているとは思えない」(51)のです。番組の質の低下は、「視聴者をひきつけ、のがさないようにするためには新しくておもしろい情報をひっきりなしに提供しなければならない」(52)という、テレビ放送そのものに内在した必然的なものであるともいえましょう。

さらに、テレビ放送に内在した本質的な問題について考えてみましょう。

先に紹介した、M・ウィンの『子ども時代を失った子どもたち』、B・サンダースの『本が死ぬところ暴力が生まれる』、S・バーカーツの『グーテンベルグへの挽歌』、J・ハーリーの『滅びゆく思考力』や『コンピュータが子どもの心を変える』などの著作は、いずれもテレビやコンピュータなどの電子情報機器が子どもの脳の成長に与える影響と識字能力や思考力の低下との関係について鋭く論究しています。とくにN・ポストマンは『子どもはもういない』において、テレビが、視聴者、とくに子どもの非識字化を促し、「読み書き」という識字文化によって形成された「子ども期」を消滅させる働きをしていると指摘しています。
テレビの特徴は、映像と音声・音によって人間の視聴覚に訴えるところにあります。耳目に訴えるその衝撃と影響はとても大きく、子どもたちは、人気アニメーションやドラマの主人公の台詞や言い回し、しぐさをすぐ真似てしまうし、コマーシャルの言い回しや歌をすぐに覚えてしまうほどです。その影響力はまさに絶大です。
しかも、「テレビを見る」というようにテレビは「見る」ものであり、映像を通して視覚に強く訴えます。

テレビは、……それこそ第一級の視覚的メディアである。テレビでも、言葉は、聞こえるし、ときには、重要性を帯びることもあるが、視聴者の意識を支配し決定的な意味を伝えるのは画像である。……人びとはテレビを見るのである。読むのではない。聞くのでもない。見るのだ。これは、大人にも子どもにも、知識人にも労働者にも、あたまのよくない人にもいい人にもあてはまる。さらに、かれらが見るものは、力強くたえず変化する、毎時千二百もの画像である。(53)

確かに、外国の映画や演劇でも、ことばがわからなくても見ていればわかるということは多くの人が経験していることです。「テレビは、言語的メディアではなく、映像を見せる象形的メディア」(54)なのです。

テレビの仕事は見せること―抽象化するのをさけること、すべてを具体的にすること―だという事実である。(55)

テレビの画像は、具体的な上に説明もいらない。(56)

「百聞は一見に如かず」といわれるように、映像は極めて具体的であり、ことばの説明が必要ないほどです。だからこそ、幼児が「セサミ・ストリート」を見て楽しめるのです。

さらに、映像と音声は、ほとんど停止することなく流れ、次々と変化していきます。視聴者に止まって考える時を与えません。そのことについて、ポストマンは次のように指摘しています。

一放送局のテレビ番組にでるワン=カットの平均的長さが三秒から四秒ぐらい、コマーシャルのワン=カットの平均的長さが二秒から三秒である……。このことは、テレビを見ることが、時間がたってからの解析的な解読ではなく、即時的なパターン認識を必要とすることを意味する。それは、概念構成力ではなくて知覚力を必要とするのである。(57)

テレビは、印刷された言葉の直線的で筋道の立った論理にかわって、かなり原始的だが否応なしに人を引き付けるものを生みだし、読み書き教育の厳しさを時代遅れにしていく。画像にはＡＢＣはない。画像の意味がわかるようになるのに、文法や綴り字、論理、語彙の学習はいらない。……テレビを見るのに、技能はいらないし、テレビを見たからといって技能が発達するわけではない。ダメラルが指摘するように、「テレビを見れば見るほど、テレビを見るのがうまくなる子どもも大人もいない。必要な技能はきわめて初歩的なものであり、テレビを見る力がないというのを耳にしたことはまだいちどもない」。語句と構文的複雑さが実にさまざまで、読者の能力に応じて段階別になっている本とちがって、テレビの映像は、年齢に関係なく、だれにでも利用できる。(58)

アメリカのＳＦ映画が日本で上映されて話題を呼び、日本のアニメーション映画がアメリカやアジアの国々で人気を博しているのは、まさに映像の力によるものであり、映像は世界共通であるといえます。映像を主体とするテレビも同じであり、しかも家庭にいながら、幼児から老人まで年齢に関係なくだれにでも利用できるという簡便さにおいて、テレビは映画を凌駕しています。

テレビは、見るための特別な技能を必要とせず、即時的なパターン認識ができればだれでもテレビを見て楽しめます。そして、「テレビの映像は、ふつう絶えず変化するが、……視聴者は、……非言語的情報に没頭する」(59)ことになります。さらに、具体的な映像を使うという手法ゆえに、「視覚的メディアは文字メディアよりも抽象性が低」(60)く、「テレビなど電気によるメディアは、……伝統的な読み書き能力の熟達を必要としない」(61)ため、「非識字」を助長することはあっても、「識字」を促進することはほとんどないのです。そこに、番組の質以上に、テレビに内在した、より本質的な問題が潜んでいるのです。

テレビは、子どもだけでなくおとなをも「読み書き」という「識字」の世界から引き離して、新たな「非識字」の世界へ誘い、番組の質の低下がその誘惑の度合いをますます強めているのです。

広く社会を俯瞰《ふかん》すれば、「文字にかえて、そのものや絵を使うことは知的に判断するという社会的能力を崩壊させるであろう」(62)という危惧は、すでに現実のものとなっているといえましょう。そして、このような現実を招いたのが新たな「非識字」現象の台頭であり、「読み書き」という識字文化の衰退がもたらした「批判的で主体的な自我」の形成不全です。

◇「批判的で主体的な自我」を形成する「読み書き」

情報革新時代といわれているにもかかわらず起きている他者への意識の欠如やコミュニケーションの「接続」不良といった現象は、「批判的で主体的な自我」の形成不全によるものであることを指摘してきました。そして、その「批判的で主体的な自我」の形成を阻んでいるのが、「読み書き」という識字文化の衰退によって発生した新たな「非識字」文化であり、その新たな「非識字」化を助長しているのがテレビであると論じてきました。

ここでは、「批判的で主体的な自我」の定義を述べて、その「批判的で主体的な自我」の形成には識字、すなわち「読み書き」が優れて有効であることを指摘したいと思います。まず、「批判的で主体的な自我」の定義です。ここでいう「批判的」とは、物事を無批判に肯定あるいは否定するのではなく、よく吟味し、分析して判断する態度という意味です。ですから、「批判的で主体的な自我」とは、分析的な批判性を持ち、固有の価値観や徳性を備え、付和雷同することなく認識し、行為し、批評する主体としての自分という意味です。

教育の普及と情報伝達技術の発達により、現代人は歴史上類をみないほど知識と情報を手に入れることができるようになりました。しかし、知識と情報の量は大いに増えましたが、増え過ぎてしまったがゆえに、氾濫する知識と情報に振り回され、なにが自分にとって必要であり、有用なのかわからず、知識と情報を有効に役立てることができずにいるといってもよいほどです。そのような中にあって、自分にとって必要な知識や情報を収集する能力とともに、収集した知識や情報を取捨選択する判断力とその判断力を支える道徳的な規範の形成は欠かすことができません。さらに、収集し、取捨選択して得た知識や情報を生かすためには、思考力がなくてはなりません。その判断力や思考力を支える基盤が「批判的で主体的な自我」です。そして、判断力を養い、思考力を培い、「批判的で主体的な自我」を形成し、確立していくための手立てとなるのが言語です。「人類は、どんなに未開野蛮とされる種族でも言語を有する」(63)といわれます。言語は人間を人間たらしめるものであり、言語の習得が人間としての存在に極めて重要で、決定的な役割を果たしています。言語が人間の精神性の表出であるとともに、精神を生み出す泉でもあることを考えれば、人類の発展に寄与した数多くの発明にも勝って、科学技術の高度に発達した現代においても、「今でも技術でなくて《ことば》こそ、ほんとうの革命的な奇跡である」(64)という評価も、決して高すぎることはないでしょう。

さらに、言語の習得において決して見逃してはならないのが、子どもの成長・発達過程からわかるように、言語の習得は子どものうちにその基礎が形成されるということです。スイスの著名な動物学者アドルフ・ポルトマンは、その著書『人間はどこまで動物か―新しい人間像のために』において、「基本的な発音機構をふんだんに使いこなすこの段階〔生後5～6か月〕は、人間のどんなことばでも習いおぼえることができる可能性をふくんでいる」(65)と述べて、発音機構の成熟する期間に言語的な環境と経験を持つことの必要性を指摘しています。それは、子どもの言語獲得にとって誕生して以降の人間的環境と文化的刺激が決定的に重要であるということでもあります。それでは、なぜ人間にとって言語がそれほど決定的に重要なのでしょうか。それは、言語が人間の経験と深く結びつき、判断と思考、そして自我を形成する手段であり、源泉だからです。

言語は、経験についての抽象である。(66)

言語は、経験を統合し、社会的能力を作り出す最も強力な道具である。(67)

言語は思考の手段であるばかりでなく、それは同時に思考の源泉でもある。子どもが言語を習得するということは、同時に知覚と記憶を再統合できる力を得たことであり、外的世界のものの複雑な捉え方を習得したということであり、しかも見たものから結論を引き出す判断力、思考の潜在能力を得たことである。(68)

このように、言語は、経験を統合して抽象化し、記憶として自己の内面に刻み込むための手段であり、道具です。そして、言語によって自己の内面に刻み込まれた抽象化された経験が自我を形成していくのです。自己の内面に記憶として刻み込まれた抽象化された経験は、言語によって再び想起され、さらなる次の経験事象において思考し、判断するための手段となります。自我は経験によって形成されますが、その経験を抽象化して記憶として自己の内面に刻み込む道具が言語です。それゆえ、経験は言語なくして抽象化されず、したがって記憶として自己の内面に刻み込むことが困難になります。言語なくして経験だけでは自我は形成しにくいがゆえに、言語が自我を形成するといえるのです。言語は優れて自我を形成する手段であり、源泉なのです。

そこで、自我の形成にとって重要な役割を果たす言語、すなわち、文字（文字言語）の「読み書き」とその基底をなすことば（音声言語）の「聞き話し」についてさらに深く考えてみましょう。

ことば（音声言語）は音声を媒体としているために、その音声の聞こえる範囲でしか機能せず、しかも次々と瞬時に消えてしまいます。それゆえ、ことばは「今、ここで」という時間と空間に制約されています。すなわち、ことばは「現在」という時制と場所に縛られているのです。

ところが、文字（文字言語）は、聴覚に訴えることばを視覚的に表した記号体系ですから、「今、ここで」という時間的・空間的な制約を超えて機能することができます。現代の日本という時空にあって、『源氏物語』や『論語』、シェイクスピア文学などの古典に接することができるのは、文字の優れた特性によるのです。

さらに、そのような文字の特性は、「今」という時制においても効力を発揮します。

> 文字を用いることは、物理的にも人間の意識の流れの上でも、《立ち止まる》ことである。(69)
> 言語は思考にとって必要な道具であるが、思考にとってある停滞とも見做されなければならない。(70)

先に述べたように、言語は思考にとって必要な道具ですが、文字を用いてことばを書き、あるいは読むことは、思考において《立ち止まる》ことを要求します。物事を考えて文字を用いて書き表したり、本を読んで意味を汲み取ろうとしたりするとき、人はしばしばことばや表現にこだわり、あるいは迷い、書きや読みが停滞することがあります。それが《立ち止まり》です。人は、思考の《立ち止まり》によってさらに思考を巡らし、思考を一層深めることができます。《立ち止まり》は意識をそこに止め、集中することであり、意識を深めるために必要な状態なのです。しかも読書においては、その《立ち止まり》は、時を選ばず、箇所を限定されることなく、読者の意志によって制御できます。文字や文は、次々と流れて消える映像や音声とは異なり、いつでも読者を待っていてくれます。文字を用いた「読み書き」は意識の《立ち止まり》を要求しますが、自我の形成にとっても意識の《立ち止まり》は必要です。ゆえに、《立ち止まり》を要求する「読み書き」は、自我の形成にとって非常に有効であり、不可欠なのです。

さらに、文字は、読むことによっても書くことによっても、現在だけでなく、過去を省み、未来を望むという視点と想像性を生み、目に見えない他者を意識させ、想起させます。そして、時間的・空間的な制限を超えて他者を意識することは、自ずと自己との向き合いを要求し、自我を覚醒させます。

このように、文字の「読み書き」は自我に広がりと深みを促します。ことに「読み」は、時間的・空間的な制約を超えて、古今東西の賢人たちの《ことば》に接することを可能にし、そのことばに内包されている精神を自己の内面に取り込む機会を与えてくれます。

文学はわれわれに、人類の心と魂への訪問を可能にしてくれる。ロバート・ハッチンズが〝大いなる会話〟と呼ぶところの、数千年にわたる思想と価値あるものに耳を傾ける機会を与えてくれる。(71)

時間的・空間的な制約を超えて「大いなる会話」をすることによって、「時計が指し示す時間以外の時間が悠々と流れている、私たち自身の中にある世界」(72)を創ることができるのです。

スヴェン・バーカーツは、その著書『グーテンベルグへの挽歌―エレクトロニクス時代における読書の運命』において、「文学の経験は、よそでは発見することのできない一種の知恵を提供するという考えを、私はいまだに捨て切ることができない。言葉の出会いそのものに深みがある。ましてや、著者がさらに深遠な理想を提示することはいうまでもない。そして、多くの理由から、綴じられた本は書かれた《ことば》には理想的な容器である。」(73)と述べて、「文学の経験」、すなわち読書の果たす自我の形成への限りない影響を強調しています。

とくに、言語の習得過程にある子どもが、さらに言語能力を発展させ、自己の経験のみに止まらず、経験を客観的に概念化し、自己肯定的であるだけでなく「批判的で主体的な自我」を形成していく上で、読書は極めて有効かつ重要です。

文学の言葉は子供に豊かな言葉を与えてくれる。よい文学の言葉は正確で、知的で、色彩と感受性に富み、しかも豊かな意味を持っている。従ってそれは、子供に、彼が感じるものを表現する最高の希望を与えてくれる。(74)

創造性の魂、すなわち想像力を刺激するのは、フィクションの持つ現実からの飛躍を通してのことである。たとえば自分を、白雪姫や、バッターボックスに立つケイシー、あるいはマイク・マリガンに置き換えることによって、子供は現実から飛躍する。そしてこの置き換えによってこそ、われわれは他者を意識し、ひいては一番大切な自己の認識へと進むことができるのである。(75)

人間、ことに子どもは、文学を通して他者を認識し、さらに他者を鏡として自己を認識することによって自我を形成することができるのです。そして、その経験が多いほど、自我は広がり深まるのです。

子どもたちは本をたくさん読むことによってのみ、……洞察がきき、分析的な判断力のある読者になれるのである。(76)

可塑性に富んでいる子どもはもちろん、自我形成期の青年にとっても、さらにはおとなにとっても、読書は、分析的な判断力と思考力を培い、「批判的で主体的な自我」の形成を促すための最良の手段だといえましょう。

さらに、読書は、読者の集中力と持続力を養います。

活字印刷コミュニケーションは、読者の注意力を積極的に振り向けることを要求する。なぜなら、読書と

いうのは根本的に翻訳行為だからだ。(77)

読書は活字印刷された文字を内語ということばに「翻訳」する行為であり、その翻訳行為は心の集中とその持続を必要とします。心の落ち着きがなければ、読者は文字からことばへの円滑な翻訳ができず、字面だけを読むことになり、読みを深めることができません。それゆえ、読みを深めるための集中力と持続力は、「批判的で主体的な自我」を形成するために大きな役割を果たしているといえます。

しかも、本を読んでいるときは黙読ですから、自ずと静かになります。その静けさは心を落ち着かせ、読者は読みながら自己と対話することができます。読むという行為は心の集中と静寂を要求し、その集中と静寂の中で内語ということばによって自己との対話という内的な経験を積むことができます。そして、静寂な心の中で自己と向き合い、対話すれば、自ずと謙虚さが生まれます。謙虚さは、分析的な判断や思考をより円滑にし、「批判的で主体的な自我」の形成を素直に促します。

このように、読書は「批判的で主体的な自我」の形成に大きな効力を発揮するだけでなく、自我の形成を促す集中力や持続力、忍耐力、謙虚さという優れた精神性をも醸成するのです。

最後に、『本が死ぬところ暴力が生まれる』の著者であるバリー・サンダースの鋭い指摘を挙げて、この節を締め括りたいと思います。

私たちが人間であることのとりあえずの基礎として当然のこととみなしている《批判的で自ら方向づける人間》という考え方は、読み書きという厳しい試練を受けてはじめて開発されるものだ……。(78)

◇「読み書き」の基底をなす「聞き話し」

「聞き話し」が「読み書き」に先んじてそれらの基底をなすことは改めて指摘するまでもありませんが、ここではことばと文字の特性という視点から考えてみましょう。

先にも指摘したように「人類は、どんなに未開野蛮とされる種族でも言語を有する」といわれますが、ここでいう言語とは音声言語、すなわちことばのことです。文字を持たない無文字社会の種族でも、ことばを持たない種族はないということです。さらに、文字を持つ種族の人の成長のおいても、文字を学び、文字をある程度自在に使えるようになるまでは、無文字性とでもいうべき口承の世界に過ごしているわけで、文字を十分に身につけた後の識字の世界にあっても、ことばを「聞く」「話す」という口承の世界からすっかり離れてしまうわけではなく、むしろますます良く聞き、しっかり話すことが要求されます。従って、前節において「読み書き」が「批判的で主体的な自我」の形成にとって極めて重要な役割を果たしていることを指摘しましたが、その「読み書き」を支える基底部をなすのが「聞き話し」であるといえます。なぜなら、「聞き話し」のない「読み書き」はなく、豊かな「聞き話し」が「読み書き」という厳密な世界への円滑な橋渡しの役割を果たしているからです。ことに、これから「読み書き」の世界に入ろうとする幼児や、すでに「読み書き」を学びつつある子どもにとって、「聞き話し」の果たす役割はとても大きいといえます。

子どもたちはこれからも口話の言語技能を必要とするだろう……。対人的なコミュニケーションにおいても読み書きの基礎としてもそうである。(79)

そこで、「読み書き」の基礎となることばの「聞き話し」について考えてみましょう。

ことば（音声言語）は音声を媒体としているために、その音声の聞こえる範囲でしか機能せず、しかも次々と瞬時に消えてしまいます。それゆえことばは、「今、ここで」という時間と空間に制約されます。すなわち、ことばは「現在」という時制と場所に縛られているのです。

それに対して文字（文字言語）は、聴覚に訴えることばを視覚的に表した記号体系ですから、「今、ここで」という時間的・空間的な制約を超えて機能することができます。「活字印刷の二重の機能は、言語の固定と維持である」(80)とスヴェン・バーカーツは指摘していますが、ここでいう「活字印刷」とは文字のことです。文字はことばを固定し維持するがゆえに時間的・空間的な制約を超えて機能することができるのです。

しかし、文字によることばの固定には、音声と身振り手振りによる微妙な表現を記すにはかなり多くの文字を連ねなければならず、ときには記すことが困難なこともあるという負の性質ともいうべき現象を伴います。

今から二百六十年以上も前に、十八世紀フランスの啓蒙思想家J・J・ルソーは、文字の持つ負の特性とことばの特長について、次のように指摘しました。

文字は、言語を固定するもののように思われるが、じっさいにはそれを変質させているのである。語を変えるのではないが、その本質を変えてしまう。表現にかわって、正確さが問題になる。話すときには感情が表現されるが、書くときには観念の表現になる。書く場合には、すべての語の共通の意味で取らざるをえない。けれども話している人は、音調で意味をさまざまに変化させ、自分の気に入るように意味をきめられる。(81)

さらに、ルソーより二千年あまりも遡った紀元前四世紀、ギリシアの哲学者プラトンはその著書『パイドロス』において、パイドロスとの対話でソクラテスに、文字の持つ性格を警告とともに鮮やかに指摘させています。

エジプトの古い神々の一人であるテウトは算術や計算、幾何学、天文学、さらに将棋や双六などを発明しましたが、文字も彼の発明によるといいます。テウトは、当時エジプト全体に君臨していた神タモスのところへ行き、これらの技術を披露し、それらをエジプト全土に広く伝えなければならないと言いました。

話が文字のことに及んだとき、テウトは、「王様、この文字というものを学べば、エジプト人の知恵は高まり、もの覚えはよくなるでしょう。私の発見したのは、記憶と知恵の秘訣なのですから。」(82)と、文字の優れていることを述べました。

これに対して、タモスは次にように答えました。

たぐいなき技術の主テウトよ、技術上の事柄を生み出す力をもった人と、生み出された技術がそれを使う人々にどのような害をあたえ、どのような益をもたらすかを判別する力をもった人とは、別の者なのだ。いまもあなたは、文字の生みの親として、愛情にほだされ、文字が実際にもっている効能と正反対のことを言われた。なぜなら、人々がこの文字というものを学ぶと、記憶力の訓練がなおざりにされるため、その人たちの魂の中には、忘れっぽい性質が植えつけられることだろうから。それはほかでもない、彼らは、書いたものを信頼して、ものを思い出すのに、自分以外のものに彫りつけられたしるしによって外から思い出すようになり、自分で自分の力によって内から思い出すことをしないようになるからである。じじつ、あなたが発明したのは、記憶の秘訣ではなく、想起の秘訣なのだ。また他方、あなたがこれを学ぶ人たち

に与える知恵というのは、知恵の外見であって、真実の知恵ではない。……。(83)

プラトンは、文字の持つ負の性質をみごとに捉えています。ギリシア文化においては、「神話を中心とする精神的思想的伝承の教授」(84)に重きが置かれ、その他に「部族の制度・おきて・タブー・婚姻のきまり、などが教えられた」(85)のです。それらは、詩歌のかたちで口授され、口誦されたのです。

数世紀の間、文書［書かれたもの］の存在にもかかわらず、ギリシアは本質的に口誦文化であり続けた。この文化は、詩のテキストー暗唱によって学ばれ、行為の文化的な百科事典《エンサイクロペディア》となるはずであったーにおける情報の記号化に大いに依存している文化であった。(86)

古代の「ギリシア人にとって口誦文化とは、われわれにとっての活字印刷書籍一般のようなものだった」(87)のです。

しかし、「紀元前四世紀のプラトンの時代になって初めて、口誦文化における詩歌の優越は、文字の最終的な勝利において異議を申し立てられたのである」(88)。そうした文字の浸透による口誦文化の衰退を憂えたプラトンは、『パイドロス』において師のソクラテスに、文字の持つ性質を警告とともに鮮やかに指摘させたのでしょう。

さらに、「文字は、言語を固定するもののように思われるが、じっさいにはそれを変質させているのである。語を変えるのではないが、その本質を変えてしまう」というルソーの指摘のように、頑なに文字を制限してことばを尊重した民族がいました。ケルト人です。

ケルト人はヨーロッパの先住民族です。「ケルトの勢力範囲は……、イタリアの軍事的共同体（ローマのこと）と、ギリシアだけを除くヨーロッパ大陸全土を覆う」(89)ほど広大でしたが、紀元前一世紀から紀元後一世紀にかけてローマ帝国と戦い、敗れて、ブルターニュやアイルランド、スコットランドなどの北部ブリテン地方といったヨーロッパの西端に追いやられました。しかし、ケルト人の文明は、「農耕においても、産業においても、明らかにローマ人よりはるかに進んでいた」(90)といわれ、ギリシア文明とともにローマ文明に大きな影響を及ぼしたがゆえにヨーロッパ文明の表層流をなしてきたギリシア・ローマ文明に対して、その低層流をなしてきた(91)「原ヨーロッパ文明」(92)とさえいわれています。ところが、ケルト文明は驚くほど歴史にその痕跡を残していないし、「最も信心深い人たちだった」(93)ケルト人は神話という精神の世界をとりわけ大切にしましたが、それらの神話もあまり知られていません。そのわけは、知識や文字に対するケルト人独特の考え方にありました。

シュメールやバビロニア、エジプト、ギリシア、ローマの神話に比べて、ケルトの神話は桁違いに知られていないが、その最大の理由はケルト人の文学がすべて口承によるものだったためである。彼らが文字を知らなかったというのではない。彼らは墓碑銘や、貨幣の銘句、商取引などには文字を用いていた。ただ、宗教的であれ、歴史的あるいは科学的であれ、何らかの教えを伝達する目的で文字を使用することは、ドルイド〔絶対の権威を持つ僧〕たちによって禁止されていたのである。彼らは知が人間の内部に留まるよう望んでいた。彼らはあらゆる知は卑しむべき物質によってではなく、精神の中でこそ維持されねばならないと考えていた。知を蠟《ろう》や羊皮紙に託すなどということは知を辱《はずかし》めることだったのである。それは知を一般の者たちの手によって汚《けが》させるのみならず、知を殺害してしまうことになるからである。その時、知は生成し続けることを止め、永遠に凍りついてしまうのだ。知識はそれを所有する人間の思考から切り離されてはならないのであり、従って、知識が記憶の中に保持できることを示し、それを受け継ぐ価値があると認められた者にのみ伝えられるべきなのである。そういうわけであるから、すべてのドルイド教の教えは詩の形になっており、それを学ぶ者たちは何万もの詩句を暗記しなければならなかった。(94)

ケルト人にとって、「知は……精神の中でこそ維持されねばなら」ず、「知識はそれを所有する人間の思考から切り離されてはならない」ものだったのです。知識に対する高い精神性が、ものに書きつけられた文字を忌避して血の通った生身の人間を大切にしたのです。ことばは音声による言語であるから、生きている人間の精神そのものの表出であり、その人の知性を鮮やかに表します。音声そのものにはなんの物理的な力はありませんが、それを発する人の信が込められたことばには、そのことばを聞いた人を動かす力があります。しかも、ことばは音声であるがゆえに次々と瞬時に虚空へ消えてしまうので、聞く人の精神の静寂と集中を要求するため、話す人のことばに信があるほど聞く人の心に沁み込みます。そこでは、声の質や音調など文字にはないことばの特性が十分に発揮されます。

文字は、言語の「語」は変えないが、言語の「本質」、すなわち言語の「魂」を変えてしまうというルソーの指摘や、文字は、記憶の秘訣ではなく想起の手段であり、知恵の外見であって、真実の知恵ではないというプラトンの洞察、そしてケルト人の知とことばに対する精神性は、文字文化から映像文化、さらに電子情報機器による記号文化へと否応なく進んでいる私たちに、ことばに対する認識を新たにさせてくれます。

口承は……、識字と私たちが呼ぶものが構築されるための準備、すなわち必要で強力な基盤としてはたらく。子どもたちは言語を学ぶためには言語を聞く必要がある。これはトートロジー〔同語反復〕のように聞こえるかもしれないが、子どもたちは生きた人間が話す言葉を聞かなければならないのである。(95)

口承における豊かな経験が、識字にとって不可欠な前提である。(96)

子どもの識字発達は、口と耳から始まる。(97)

識字世界に入る人、あるいは集団はすべて、まず口承文化の世界で読み書きの基礎を築く。口承文化は識字文化を支え、識字文化を形成する刺激となる。口承の世界で学ぶ技術が決定的に重要である。……口承

文化のなかでうまくいくかどうかが、識字文化へと「進む」ことができるかどうかを決める。(98)

人間は、文字社会にあっても、文字を学び自在に使えるようになるまでは無文字の口承の社会に生きています。「聞き話し」という口承文化は、人間社会への参加と模倣によって誰にも可能な、そして最も基本的なコミュニケーションの手段です。さらに、文字を学び自在に使えるようになった後でも、ことばによる生活の部分は依然として大きな比重を占めています。しかも、口承の社会生活の中で得たことばの豊かさが、厳密な文字の綴りや文法を伴う「読み書き」の世界への円滑な橋渡しの役割を果たします。その意味から、「聞き話し」は「読み書き」の基底を成し、「読み書き」が形成する「批判的で主体的な自我」の形成にとって不可欠なのです。

英語の'infant'は「幼児」「赤子」などを意味します。語源はラテン語の'*infans*'で、'*in*'は打ち消しの義を含む接頭語で、'*fans*'は「話す」を表します。すなわち、'*infans*'は'not speaking'「話さない」に由来している(99)ことを思えば、話せるようになることをもって一時期を画していたことが窺えるでしょう。

◇おわりに

情報革新時代といわれているにもかかわらず起きている他者への意識の欠如やコミュニケーションの「接続」不良といった現象は、「批判的で主体的な自我」の形成不全によるものであることを指摘してきました。そして、その「批判的で主体的な自我」の形成を阻んでいるのが、「読み書き」という識字文化の衰退によって発生した新たな「非識字」文化であり、その新たな「非識字」化を助長しているのが映像文化であり、とりわけテレビであると論じてきました。

「批判的で主体的な自我」は、他者を意識し、さらに他者を鏡として自己を認識することによって形成されるものであり、その形成の手段となるのが経験を抽象化して統合し、社会的能力を生み出す言語です。とりわけ「読み書き」は、文字を内語ということばに「翻訳」する行為であり、その翻訳行為は心の静寂と思考を生み、自己との対話を促し、その対話の中から自分を見つめる自己と他者への意識という自我が形成されると論じてきました。ゆえに、人間の意識の「立ち止まり」を要求する文字を介する「読み書き」は、優れて分析的な批判性を持った主体的な自我を形成するための手段だといえるのです。

さらに、識字文化において文字が優れて人間の意識の「立ち止まり」を促すものであるのに対して、歴史的にも、人間の発達においても、無文字性とも呼ぶべき「聞き話し」の口承文化は「読み書き」

という識字文化の基底を成しています。「批判的で主体的な自我」の形成には「読み書き」という識字文化の洗礼を受けなければなりませんが、口承文化から識字文化へ円滑に移行するためには、口承文化において豊かな「聞き話し」を十分に経験しておくことが必要なのです。

また、他者への意識を芽生えさせ、心情を豊かにするためにも、「読み書き」は優れて有効です。「情」とは自分の周りの人やものに意識が向いて働く心の動きであり、それは優しさや思い遣り、配慮などと同義です。自己主張や自己表現も、相手に対する思い遣りや礼儀、謙虚さを欠いては単なるわがままでしかありません。冒頭で紹介した作家池波正太郎のことばはまさにその核心を突いたものであり、「情の裏うちなくしては智性おのずから鈍磨」してしまうのです。「情」を育むには、自分を見つめる自分、すなわち「批判的で主体的な自我」がしっかりと心の中に根を張り、自己との対話が十分になされていることが必要です。さらに自己との対話によって判断力や思考力を養うことが求められます。そして、その自己との対話を大いに促進するのが「読み書き」であり、読書です。

数学界のノーベル賞といわれるフィールズ賞を受賞した数学者の小平邦彦は、「学力というのは、知識の量ではなく自分でものを考える力を意味する」[100]と述べています。「自分でものを考える」ためには、考えるための手段、すなわち言語を身につけていなければならず、言語を身につけるということは「聞き話し」を豊かにし、文字をしっかり学んで「読み書き」できるようになり、日常において積極的に読み書きして識字能力を維持・向上させなければなりません。豊かな「聞き話し」としっかりとした「読み書き」なくしては、「自分でものを考える」ことはできないし、ものを考える自分を支える「批判的で主体的な自我」を形成することも覚束ないでしょう。

「読み書き」とその基底をなす「聞き話し」は、ヒトが人として存在するために不可欠です。科学技術の飛躍的な発達によってもたらされた情報革新時代にあっても、人間にとって、言語、すなわち「聞き話し」と「読み書き」は切り離すことはできません。そうであれば、教育、とりわけ初等教育にあっては、古来「読み書き算」といわれている国語と算数の教育をしっかり行わなければなりません。

コンピュータは、尽きることのない情報を提供してくれる。それはさながら、自宅の裏庭にどさりとばかり積み下ろされたレンガといったおもむきである。そして人生で大切なのは、レンガをどれだけ持っているかということではなく、そのレンガで何を作ることができるか、ということだろう。(101)

もちろん、知識や情報がなくてよいというわけではなく、それらは多いことに越したことはありませんが、ただ多ければよいというのでもありません。自分が解決しようとしている問題に対して、身につけている知識や情報をいかに整理・統合して用いるかが肝心です。それが、判断力や思考力、すなわち「自分でものを考える」力であり、その自分を支えるのが「批判的で主体的な自我」です。そして、「自分でものを考える」力と、その自分を支える「批判的で主体的な自我」を形成するためには、学ぶための基礎・基本である「聞く・話す・読む・書く」（国語）と「計算」（算数）が絶対に不可欠です。

あまり多くのことを教えるなかれ。しかし、教えるべきことは徹底的に教えるべし。(102)

とくに初等教育においては、あまり広く、多くのことを教えるべきではなく、あくまでも「読み書き算」を基本に据えて、しっかり行うべきです。そしてその方法は、耳と口を使って「聞き話し」、目と手を使って「読み書き」するという、五感を十分に使う多感覚法によるのが効果的です。

ハイテクの世界に育つ……子どもたちは、ローテクで、手で触れることの多い環境を必要としている。(103)

子どもたちを取り巻く環境がアナログからデジタルへ急速に進んで自動化してきているがゆえに、高度な科学技術の社会に育つ子どもたちには、これまで以上に、自分の耳と口を使って「聞き話し」、目と手を使って「読み書き計算」するというローテクの環境が必要である、という逆説的な視点をつねに据えておかなければならないでしょう。

＊本稿は、全校保護者会（二〇一七年五月二〇日）での講演を収録した「仔馬」〔第69巻第2号〕（二〇一七年七月一四日）所収に加筆修正したものです。

初出：「幼稚舎シンフォニー2000」（二〇〇〇年一二月一五日）所収を改題。

〈注〉

(1) Max Weber, "Die Protestantische Ethik unt der Geist des Kapitalismus.", 1920. マックス・ヴェーバー、大塚久雄訳、『プロテスタンティズムの倫理と資本主義の精神』、岩波書店、一九八八年、P.269。

(2) 中国の思想8『管子』、松本一男訳、徳間書店、一九九六年、P.69。

(3) 尚学図書編『故事ことわざの辞典』、小学館、一九八九年、P.1080。

(4) 池波正太郎、『鬼平犯科帳』、文藝春秋、一九七四年、(一) P.97。

(5) 旺文社編『旺文社英和中辞典』、旺文社、一九七五年、P.408。

(6) 前掲『旺文社英和中辞典』、P.408。

(7) 田中秀央、『研究社羅和辞典』、研究社、一九六六年、P.128。

(8) 前掲『研究社羅和辞典』、P.128。

(9) 前掲『研究社羅和辞典』、P.125。

(10) 前掲『研究社羅和辞典』、P.162。

(11) 前掲『研究社羅和辞典』、P.385。

(12) 前掲『研究社羅和辞典』、P.385。

(13) 前掲『研究社羅和辞典』、P.384。
(14) 前掲『研究社羅和辞典』、P.378。
(15) 前掲『旺文社英和中辞典』、P.406～407。
(16) 前掲『旺文社英和中辞典』、P.140。
(17) 前掲『旺文社英和中辞典』、P.1870～1871。
(18) 前掲『旺文社英和中辞典』、P.802。
(19) 前掲『旺文社英和中辞典』、P.1643～1644。
(20) 前掲『研究社羅和辞典』、P.573。
(21) 前掲『旺文社英和中辞典』、P.1269。
(22) 前掲『研究社羅和辞典』、P.404。
(23) 社会実情データ図解「図録　高校・大学進学率の推移」（インターネット検索による）
(24) Jim Trelease, "The Read-Aloud Handbook.", 1982. ジム・トレリース、亀井よし子訳、『読み聞かせハンドブック』、高文研、一九八七年、P.1。
(25) 前掲『読み聞かせハンドブック』、P.14。
(26) 前掲『読み聞かせハンドブック』、P.35。
(27) 前掲『読み聞かせハンドブック』、P.38。
(28) 前掲『読み聞かせハンドブック』、P.43。
(29) 前掲『読み聞かせハンドブック』、P.43。
(30) 前掲『読み聞かせハンドブック』、P.44。

(31) 前掲『読み聞かせハンドブック』、P.44。
(32) 前掲『読み聞かせハンドブック』、P.45。
(33) Jane M. Healy, "Endangered Minds : Why Our Children Don't Think." 1990. ジェーン・ハーリー、西村辨作・新美明夫訳、『滅びゆく思考力』、大修館書店、一九九二年、P.18。
(34) 前掲『滅びゆく思考力』、P.18。
(35) 前掲『滅びゆく思考力』、P.19。
(36) 前掲『滅びゆく思考力』、P.20〜21。
(37) 河上亮一、『学級崩壊』、草思社、一九九九年、P.96。
(38) 林　公、『朝の読書―実践ガイドブック』、メディアパル社、一九九七年、P.8。
(39) 『日経ビジネス』、日本経済新聞社、二〇〇〇年六月五日号（第一〇四四号）、P.27
(40) 読売新聞、二〇〇〇年八月一〇日（木）。
(41) 前掲『日経ビジネス』、P.28
(42) 前掲『日経ビジネス』、P.28
(43) 日本経済新聞「春秋」、二〇〇〇年四月二一日（金）。
(44) 日本経済新聞「春秋」、二〇〇〇年四月二八日（金）。
(45) 読売新聞「編集手帳」、二〇〇〇年七月一六日（日）。
(46) 大宅英子、「一億総白痴」、雑誌「文藝春秋」『私たちが生きた二〇世紀』所収、二月臨時増刊号（第七八巻第三号）、文藝春秋、二〇〇〇年二月一五日、P.451
(47) 前掲『私たちが生きた二〇世紀』、P.452

(48) 丸谷才一・小沢昭一・久田　恵、「テレビのエチケット講座を立ち上げよう」、雑誌「東京人」第一五巻第七号（通巻一五五号）、（財）東京都歴史文化財団、二〇〇〇年七月三日、P.156。
(49) 前掲『私たちが生きた二〇世紀』、P.452
(50) 毎日新聞「余録」、二〇〇〇年七月九日（日）。
(51) 前掲『読み聞かせハンドブック』、P.217
(52) Neil Postman, "Disappearance of Childhood.", 1982. ニール・ポストマン、小柴　一訳、『子どもはもういない―教育と文化への警告』、新樹社、一九八五年、P.123～124。
(53) 前掲『子どもはもういない』、P.118
(54) 前掲『子どもはもういない』、P.118。
(55) 前掲『子どもはもういない』、P.173～174。
(56) 前掲『子どもはもういない』、P.127。
(57) 前掲『子どもはもういない』、P.119。
(58) 前掲『子どもはもういない』、P.119～120。
(59) 前掲『子どもはもういない』、P.150。
(60) Jane M. Healy, "Failure to Connect : How Computers Affect Our Children's Minds, for Better and Worse.", 1998. ジェーン・ハーリー、西村辨作・山田詩津夫訳、『コンピュータが子どもの心を変える』、大修館書店、一九九九年、P.170。
(61) 前掲『子どもはもういない』、P.176。
(62) 前掲『滅びゆく思考力』、P.75。

(63)『世界大百科事典』（第九巻）、平凡社、一九八一年、P.360。
(64) Sven Birkerts, "The Gutenberg Elegies.", 1994. スヴェン・バーカーツ、船木　裕訳、『グーテンベルグへの挽歌―エレクトロニクス時代における読書の運命』、青土社、一九九五年、P.16。
(65) Adolf Portmann, "Biologische Fragmente zu einer Lehre vom Menschen.", 1951. アドルフ・ポルトマン、高木正孝訳、『人間はどこまで動物か―新しい人間像のために』、岩波書店、一九六一年、P.110。
(66) 前掲『子どもはもういない』、P.111。
(67) 前掲『滅びゆく思考力』、P.72。
(68) 前掲『滅びゆく思考力』、P.72。
(69) 川田順造、『無文字社会の歴史―西アフリカ・モシ族の事例を中心に』、岩波書店、一九九〇年、P.232～233。
(70) 前掲『無文字社会の歴史』P.232。原文は、Herbert Spencer, "The Philosophy of Style.", 1852. "The Works of Herbert Spencer.", vol XIV, 1966, P.335.
(71) 前掲『読み聞かせハンドブック』、P.200。
(72) 大岡　信、『ことのは草』、世界文化社、一九九六年、P.143～144。
(73) 前掲『グーテンベルグへの挽歌』、P.16。
(74) 前掲『読み聞かせハンドブック』、P.59～60。
(75) 前掲『読み聞かせハンドブック』、P.55～56。〔傍線・筆者〕
(76) 前掲『滅びゆく思考力』、P.20～21。
(77) 前掲『グーテンベルグへの挽歌』、P.197。
(78) Barry Sanders, "A is for ox : Violence, electronic media, and the silencing of the written word.", 1994. バ

リー・サンダース、杉本　卓訳、『本が死ぬところ暴力が生まれる』、新曜社、一九九八年、・ページ〔傍線・筆者〕

⑺ 前掲『滅びゆく思考力』、P.358。
⑻ 前掲『グーテンベルグへの挽歌』、P.253。
⑻ Jean-Jacques Rousseau, "Essai sur l'origine des langues ou il est parle de la melodie et de l'imitation musicale.", 1754. ジャン・ジャック・ルソー、竹内成明他訳、『言語起源論―あわせて旋律と音楽的写生について論ず』、『ルソー全集』（第一一巻）所収、白水社、一九八〇年、P.334。
⑻ J. Burnet, Platonis Opera, 5 vols., Oxford Classical texts.（バーネット版プラトン全集）、プラトン、鈴木照雄・藤沢令夫訳、『パイドロス』、『プラトン全集』（第五巻）所収、岩波書店、一九七四年、P.255。
⑻ 前掲『パイドロス』、P.255～256。
⑻ 梅根　悟、『世界教育史』、新評論、一九七三年、P.71。
⑻ 前掲『世界教育史』、P.72。
⑻ 前掲『グーテンベルグへの挽歌』、P.196。
⑻ 前掲『グーテンベルグへの挽歌』、P.196。
⑻ 前掲『グーテンベルグへの挽歌』、P.196。
⑻ Yann Brekilien, "La Mythologie Celtique.", 1993. ヤン・ブレキリアン、田中仁彦・山邑久仁子訳、『ケルト神話の世界』、中央公論社、一九九八年、P.13。
⑼ 前掲『ケルト神話の世界』、P.14。
⑼ 前掲『ケルト神話の世界』、P.440。

(92) 前掲『ケルト神話の世界』、P.13〜16。
(93) 前掲『ケルト神話の世界』、P.16。
(94) 前掲『ケルト神話の世界』、P.36〜37。
(95) 前掲『本が死ぬところ暴力が生まれる』、P.43。
(96) 前掲『本が死ぬところ暴力が生まれる』、P.13。
(97) 前掲『本が死ぬところ暴力が生まれる』、P.55。
(98) 前掲『本が死ぬところ暴力が生まれる』、P.iii
(99) 前掲『旺文社英和中辞典』、P.984。前掲『研究社羅和辞典』、P.244、P.245、P.298、P.310。
(100) 小平邦彦、『怠け数学者の記』、岩波書店、一九八六年、P.251。
(101) 前掲『読み聞かせハンドブック』、P.199。
(102) 読売新聞「編集手帳」、一九九六年六月二六日（水）。
(103) 前掲『滅びゆく思考力』、P.342。

5　「真似び」と「学び」

―「まなび」の語源を辿って―

◇はじめに

わたしたちは生きはじめると同時に学びはじめる。(1)

これは、十八世紀フランスの啓蒙思想家ジャン・ジャック・ルソーが著した『エミール――その教育』（一七六二年）の一節です。

また、ルソーは、

人間の教育は誕生とともにはじまる。(2)

と述べ、

わたしたちは学ぶ能力がある者として生まれる。(3)

とも指摘しています。さらに、

生まれたときにわたしたちがもっていなかったもので、大人になって必要となるものは、すべて教育に

よってあたえられる。(4)

というのです。

ルソーは同書において、人間の教育、そして人のまなびについて鋭く指摘し、深い洞察を展開しました。

人類はその長い歴史の中で、いつの時代でも親が子に、おとなが子どもに生きる術《すべ》を伝え、子どもを一人前の人とすべくその氏族の伝統や生活の規範を教え、子どもはそれらをまなんで身につけてきました。そうすることによって、その社会が円滑に機能を果たせると考えられてきたからです。

ところが、十九世紀以降、自然科学の発達とそれに伴う科学技術の発展により、飛躍的に知識が増大し、技術が進歩しました。当然、それらの知識や技術を伝えるべく、子どもを一人前の人にするための人為的な継承手段も大きく変化しました。すなわち、一般の民衆を対象にした「学校」の発生と発達です。人類の歴史上かつてなかった「学校」を主体とした教育が行われるようになりました。特に集団教育の方法が確立していくと、ことばだけでなく文字による教育――すなわち「読み書き算」(3R's)を中心とした教育――が一般的になり、氏族の伝統や生活の規範を教える「教育」から知識や技術を教える「教育」へと教育内容の比重が大きく移り変わっていきました。その傾向は二十世紀後半に入るとさらに拍車がかかり、科学教育に力が注がれるようになりました。そのような教育の流れの中で、まなびのあり方も大きく変わっていきました。

さらに、「教育とはなにか」「学校とはなにか」といった教育や学校のあり方が根底から問われるようになりました。その流れの中で、教授・学習のあり方を「教える」から「学ぶ」へ転換しなければならないという論調が高まっていきました。(5) そこには、「教えられる」ことによって子どもたちに自主性や創造性、独創性、もっと根源的には思考力とか判断力といったものが十分に育たないという危機意識が大きく働いていたように思います。確かに頷ける部分もありますが、その主張には「まなび」そのものについての考察が十分なされているとは言い難く、さらに「教」「育」と「真似び」「学び」の関係性が必ずしも明確ではないように思えます。

すべての子どもを対象とした公教育における「学校」の発生とその発達によって、教育は学校で為されるものとの認識が急速に強くなっていきましたが、現在のように学校での教育が一般的になったのは、近々わずか百五十年ほどのことです。それ以前の教育は、学校によらず、もっぱら「見習い」という徒弟的な手段によって為されていたのであり、その時代の方がはるかに長いのです。そこでの教育、すなわち徒弟的な見習いという人の育成において、子どもはどうまなんでいたのでしょうか。さらに、そもそも「まなび」とはどのようなことだったのでしょうか。

ここでは、家族が社会と個人の狭間で大きく揺れ、学校が社会と家庭の狭間で大きく軋《きし》んでいる現代にあって、「教育」と「まなび」の関係性を模索するための手掛かりを探ってみたいと思います。

◇子どもの成長と発達 ——発生・発達史の視点から——

(1)子どもの誕生と発達

人間の子どもは、約十か月もの間、母親の胎内で育ち、誕生後一年ほどの間に「這《は》えば立て、立てば歩めの親心」といわれるような発達過程を辿ります。

人間の子どもの誕生後の身体的な発達過程を一般論的にやや詳しくいえば、生後四か月ほどで首が坐り、約七か月ほどで寝返りをうったりお座りをするようになり、十か月ほど経つと這い這いしたり、摑《つか》まり立ちをするようになります。そして生後一年ほどすると、ひとり立ちやひとり歩きをするようになります。その間に、認識活動として、あやすと笑ったり、ものを見て目で追ったり、手を伸ばしてものを摑んだりするようになるといわれています。(6)

このような発達過程は、十年前、五十年前、百年前、いえ千年前と比べても、変わっていないのではないでしょうか。大きく変わったのは、誕生後の子どもが成長を遂げていく環境でしょう。

子どもの誕生と成長、発達過程を考えていくうえで、「人間は動物であって、動物でない質的に違ったものだ、ということが、当の動物学——その形態学と行動研究——からときあかされた最初のものとして高く評価され」(7)たスイスの動物学者アドルフ・ポルトマンの著書『人間はどこまで動物か——新しい人間像のために』は、わたしたちにとても重要な示唆を与えてくれています。

この著書の中でポルトマンは、「生まれたての人間は、その姿や行動の点では霊長類のどの種類よりもなんと未熟なのだろう」(8)と述べています。たしかに、人間の新生児は成育した人間と比べると遥かに劣っているし、成熟するまでには長い時間を必要とします。人間の新生児は、霊長類どころか他の多くの哺乳類のあかちゃんと比べても明らかに個体としての完成度が低いといえます。それに対して、

高等哺乳類の子どもは誕生時から身体の割合が、もう成熟したおとなの形に近い。子ウマ、子ジカ、クジラの子、あるいはアザラシの子なぞは誕生第一日でもう両親たちの縮図である。……生まれたてのサルもまったく例外ではない。……類人猿もまたこの法則に従っている。(9)

高等な哺乳類の新生児は、たいへん発達し、機能もそなわった感覚器官をもつ〈巣立つもの〉である。その体の割合は、とくに頭の大きさの割合がすこしずれていることを除いては、成育した親の姿そのままを小さくした縮図であり、その運動や行動は、親にたいへん似ている。そのうえ、その種特有のコミュニケイションの手段の要素をそなえている。有蹄類、アザラシやクジラはここに述べたような状態を誕生時にもっており、またサルでも同じである。(10)

と述べて、〈巣立つもの〉〈離巣性〉の傾向がとても強いことを指摘しています。

たとえば、『どうぶつのあかちゃん』と題する説明文は、〈離巣性〉の高い哺乳動物の様子を端的に表しています。

かばのあかちゃんは、うまれてすぐに、およぐことができます。おかあさんのちちをのむときは、みずのなかでのみます。

うまのあかちゃんは、うまれてすぐに、たつことができます。おかあさんのちちをのむときも、たってのみます。すこしたつと、もう、おかあさんについてあるくことができます。

さるのあかちゃんは、うまれてすぐに、ものにつかまることができます。おかあさんのちちをのむときは、むねにだかれてのみます。あかちゃんは、おかあさんにしっかりつかまって、どこへいくのもいっしょです。(11)

同じ哺乳動物でありながら、人間のあかちゃんとなんと違うことかと改めて驚かされます。ポルトマンの主張する法則に従えば、高等哺乳類である人間の新生児も高度な〈離巣性〉を示してよいはずなのに、「高等哺乳類の発達原則からはずれている」(12)とポルトマンはいうのです。そのことについて、ポルトマンは、

もし人間が、この意味でほんとうの哺乳類に属するとしたら、新生児は、その体の割合はおとなに似てい

て、その種特有な直立姿勢をとり、そのうえ少なくともわれわれのコミュニケイションの手段としての最初の要素、つまり言語（と身振り語）をそなえているはずである。ところで、この理論的に要求される段階は、人間の発達過程のなかに事実みられるのだが、しかしその段階に達するのに、人間は生後ほぼ一ヵ年かかるのである。いいかえると、人間は生後一歳になって、真の哺乳類が生まれた時に実現している発育状態に、やっとたどりつく。(13)

と述べています。

さらに、「そうだとすると、この人間がほかのほんとうの哺乳類なみに発達するには、われわれ人間の妊娠期間が現在よりおよそ一ヵ年のばされて」(14)もよいはずなのに、なぜか「人間の妊娠期間が、人間のような高等な組織段階の哺乳動物にふさわしい、ながい妊娠期間に相応しない」(15)特異なものであるとポルトマンは指摘しています。そして、哺乳類の中で人間という種は、その子どもが不完全で未熟な状態のままで子宮外に押し出されてしまう点に生物学的特徴をもっているといいます。

「その姿や行動の点では霊長類のどの種類よりもなんと未成熟なのだろう」(16)といわれる人間の新生児は、もうあと一年くらい母親の子宮内にいられれば種に固有の直立歩行という姿勢や言語、洞察力などをある程度備えることができるのに、なぜか生理的に一年早く生まれてきてしまった「生理的早産児」(17)だといっています。

そしてポルトマンは、その「生理的な早産」の理由について次のように述べています。

ほんとうは母の胎内ですすめられていいなずのこの成熟という過程が、われわれ人間では、その成熟のもっとも大切な段階に、多くの刺激のみなもとをもつゆたかな環境のなかで、まだこれからどうにでもつくられ得る素質にさまざまな体験をとおして刺激を与えながら、すごされる。こうして成熟というもともと自然法則的な過程が、人間では母の胎内という一般にあてはまる条件のもとですごされるかわりに、生後第一年ですでに《一回起》的な前提のもとですごされる。(18)

すなわち、人間が進化の過程の中で他の動物たちと大きく姿を変えるようになったのは、本来の胎児期を一年早く外の世界で過ごすことによって、その一年の間に種々の成長刺激にさらされ、発達の過程で環境の影響を受けることによって、人間が動物ではなく、人間になっていくのだというのです。ポルトマンは、教育を含めて環境のもつ刺激が人間の成長、発達に与える影響を強調したのです。さらに、環境から刺激を受けて育つ子どもの発育について、ポルトマンは次のように述べています。

哺乳動物のうちで、人間のようにその種特有な姿勢に、積極的な努力と、誕生後ながい時間とをかけて、やっと到達するようなものは、ほかには一つもみあたらない。……最終的な形をとることは、ほかの動物のようにその遺伝的な素質にあらかじめ与えられているものの単なる練習によってなされるのではなく、特殊な、この人間という生物にだけ特有な、努力、学習、そして模倣ということによって、しかも身体のその部分の発育がたいへんひきのばされているあいだに、なされるのである。(19)

人間の新生児の発育は、「生後第一年の終わりまでは急激に発育して、それから青春期の急激な上昇をするまでは、ひどくゆっくり発育する」(20)という「哺乳類の一般原則からはずれた」(21)特徴をもっているのです。生物学的に「ゆっくり」とした発育期間があり、それがまさに「子ども時代」にあたるのです。

このようなポルトマンの研究成果から、わたしたちはとても興味深く、示唆に富んだ指摘を汲み取ることができます。

第一に、本来胎児期であるべき一年間を外界で過ごすことによって、種々の成長刺激にさらされ、環境の影響を発育の過程で受けることによって、ヒトが動物ではなく人間になっていくということです。

第二に、人間の子どもには、「生後第一年の終わりまでは急激に発育して、それから青春期の急激な上昇をするまでは、ひどくゆっくり発育するという特徴がみられる」(20)ということです。

第三に、その「ゆっくり」とした発育期間に、「遺伝的な素質」の単なる練習によってではなく、

「特殊な、この人間という生物にだけ特有な、努力、学習、そして模倣ということによって」(19)ヒトが人間になっていくということです。

「生理的な早産児」として、弱く、未熟な状態で生まれるからこそ、ゆっくりとした成長、発達期間が必要なのです。そして、弱く、未熟で、ゆっくりと発育する子ども時代にこそ、人間の子ども固有の意味があるのです。すなわち、「弱いということは、じつは可塑性に富んだしなやかさを意味」(22)し、「未熟さは発達の可能性をこそ意味」(22)すると考えることができるのです。そこに、「生理的な早産児」として生まれる哺乳動物としてのヒトが人間になる鍵があるといえます。

わたしたちは、このような人間の発生、発達史からの視点を基礎として、子育てを捉え直す必要があると思います。

(2)子どもの発達と環境

ポルトマンは、教育を含めて環境のもつ刺激が「生理的な早産児」として、弱く、未熟な状態で生まれた人間の子どもの成長、発達に与えた影響を強調しました。

そこで、次に子どもの発達と環境について考えてみたいと思います。

子どもの発達と、「まなび」の要素としての環境や外的な刺激との関係を考えていくうえで、十八世紀末に南フランスのアヴェロンとタルヌの県境の森で発見された野生児に対する療育と教育の実践は非常に示唆に富んでいます。

青年医師J・M・G・イタールは、ヒューマニストとしての情熱とともに、イギリスの哲学者J・ロックやフランスの感覚論哲学者E・M・de・コンディヤックの影響を受けて、「人は生まれた時は白紙の状態にあり、経験・環境が人間を形成する。この野生児は、人間的に生きる経験・環境をもたなかったためにこうした状態にあるのだ」(23)と考え、発見当時十一～十二歳程度と推定されたアヴェロンの野生児（少年）に対して、一八〇一年から六年間にわたって感覚的訓練の方法をその教育に適用しました。イタールがこの野生児に対して行った療育と教育の実践は、第一報告『野生人の教育について、あるいは、アヴェロンの野生児の身体的・精神的な初期発達について』と題する論文に克明に記されています。

その報告によると、野生児は数個の単語を覚え、わずかに感受性を示すこともありましたが、イタールの意欲的な療育と教育の甲斐もなく、十分に人間性を回復し、発達を遂げたとはいえませんでした。

「知識はすべて経験を通して獲得される」という命題を立証しようとしたイタールの野生児教育は、その後にセガンの精神薄弱児教育やモンテッソリーの感覚教育などに大きな影響を与えたりしましたが、(24)それと同時に感覚論の弱点である発達的な観点の欠落を浮き彫りにし、改めて発達論的な視点の重要性を認識させる結果となりました。

つまり感覚論によれば、野生児に人間的な環境と刺激を与えれば、人間的感覚と認識が可能だと考えたのです。しかし、結果はイタール自身も「われわれのさまざまな器官は、ぜんぜん訓練しないでいると機能できなくなってしまう」[25]と指摘しているように、一定の生理的な成熟を基礎として、発達にふさわしい時期に適切な環境と人間的刺激が与えられないと、その発達の可能性そのものが失われてしまうということを物語っています。このことはまた、認識の起源を発生的に時間の系列の中で問い直すべきことを教えています。

たとえば、発声器官の発達について、イタールは次のように述べています。

〔子どもが〕泣くことは、激しい興奮性の指標としてだけでなく、呼吸・発音・発声器官の同時発達に最適の時期に適用される、強力な絶え間ない動機としても考えなければならない。[26]

すなわち、「基本的な発音機構をふんだんに使いこなすこの段階〔筆者：生後五～六ヵ月〕は、人間のどんなことばでも習いおぼえることができる可能性をふくんでいる」[27]にもかかわらず、発音機構の成熟する時期に言語的経験をもたないと、発音機構そのものが失われてしまうということです。

アヴェロンの野生児の療育と教育の実践は、人間の子どもの「可塑性に富んだしなやかさ」と「発達の可能性」の幅の広さを示し、人間の誕生からの、人間的環境と文化的刺激の必要性と重要性を指摘していています。弱く、未熟な状態で生まれ育つ子ども時代は、同時に「可塑性に富んだしなやかさ」と「発達の可能性」の豊かな時期でもあり、その時期に、子どもの発達に即した「まなび」のための人間的環境と文化的刺激が必要不可欠だということです。

「人間がもつ諸観念の最大の基盤は、人間相互の交わりにあるのだ。」(28)

◇人間の育成とまなび

発生・発達史の視点を通して、子どもの生物学的な発達の研究成果を踏まえて、教育学的な発達の捉え直しについて考えてきました。

次に、子どもを一人前のおとなに育成するしくみと、子どもの「まなび」について考えてみたいと思います。

(1)中世の子ども観と人間の育成

一九六〇年代以降、社会学的な手法を使って日常的な生活次元から歴史を捉え直す研究を主題にした学派の影響を受けて、先進国の急激な出生率の低下と符節を合わすかのように「子ども」を主題にした歴史研究が活発になりました。その中でも、フランスの歴史学者フィリップ・アリエスの『〈子供〉の誕生――アンシャン・レジーム期の子供と家族生活』（一九六〇年）と題する著作は大きな反響を呼びました。

アリエスは、絵画に表現された子どもの絵姿や、記録文、日記、墓碑、子どもの服装や遊びの歴史を辿りながら、そこに共通して示される意識、無意識の心性（mentalité 感情ともいう）の分析を中心に据え、その上に統一的な歴史を構成しようとしました。イコノグラフィー（iconographie 図象学）という研究方法を駆使した同書においてアリエスは、子どもの生活をおとなの生活から隔離し、子ども時代を人生の特別な時期とする考え方に触れ、この考え方が一般に普及したのは近々僅か二百年の間であったとしています。それ以前、つまり中世から十七世紀までは、子どもはおとなとはまったく異なった存在とはみられず、どこか不完全な「小さなおとな」の扱いを受けていたというの

出生率年次推移の国際比較

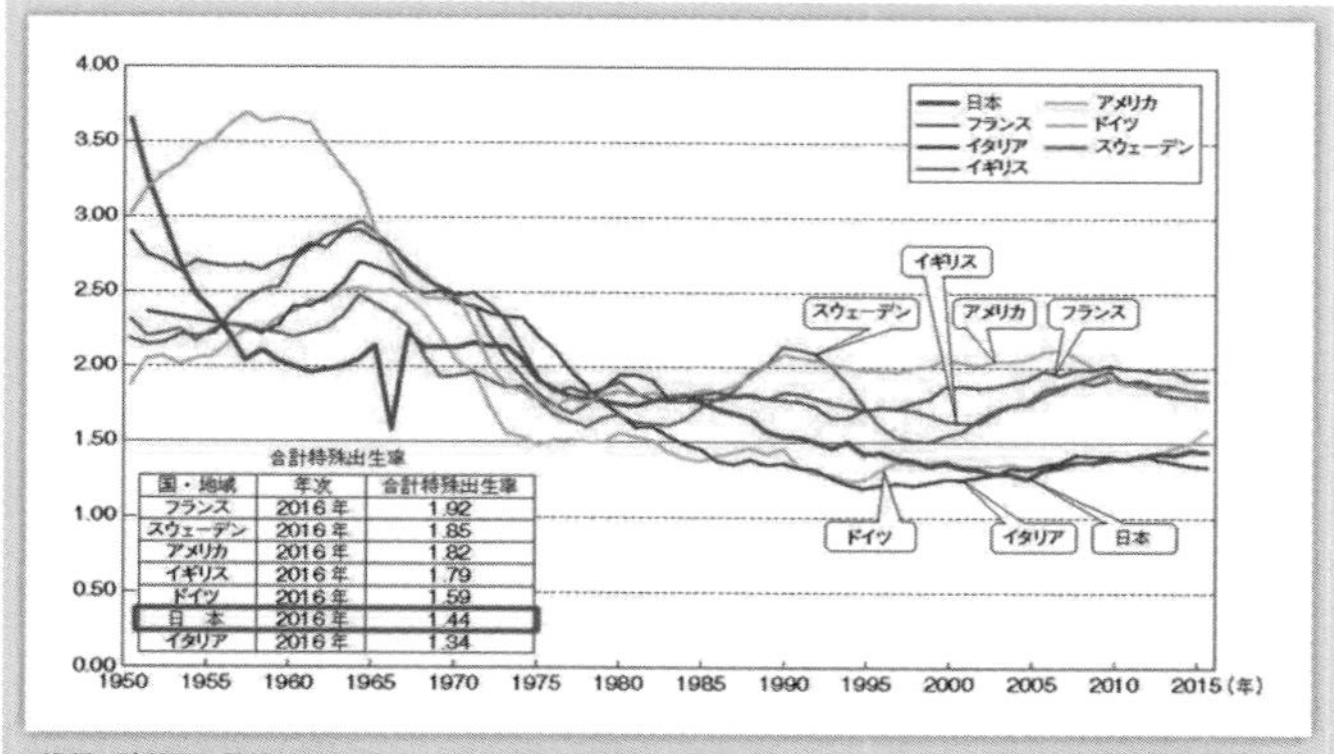

合計特殊出生率

国・地域	年次	合計特殊出生率
フランス	2016年	1.92
スウェーデン	2016年	1.85
アメリカ	2016年	1.82
イギリス	2016年	1.79
ドイツ	2016年	1.59
日　本	2016年	1.44
イタリア	2016年	1.34

資料：諸外国の数値は1959年までUnited Nations "Demographic Yearbook"等、1960年～2015年はOECD Family database、2016年は各国統計、日本の数値は厚生労働省「人口動態統計」より内閣府作成。
注：2016年のフランスの数値は平成30年5月16日現在で暫定値となっている。

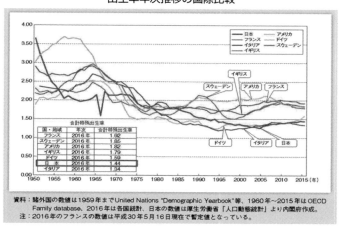

です。

もちろん、「人間の共同体はすべて、種の保存のために、次の世代を育てることに周到な配慮を怠らなかった。その意味で子どもは歴史上、いつも大切にされてきた」[29]ということも事実でしょう。いつの時代も、幼児期あるいは子ども時代の初期といえば、おとながその時期の子どもを保護・養育してはじめて、人間の社会が円滑に機能を果たせると考えられてきたからです。

しかし中世では、子どもの死亡率は高く、その生存の可能性は不確実でした。出生時の死亡のほかに、疫病の流行や飢饉の際に子どもは真っ先にその犠牲となったからです。衛生環境の悪さ、医療水準の低さ、食糧生産の不安定と慢性的不足、因習などがその原因であったといわれています。

> 十五世紀という時代におけるほど、人々の心に死の思想が重くのしかぶさり、強烈な印象を与え続けた時代はなかった。〈死を想え《メメント・モリ》〉の叫びが、生のあらゆる局面にとぎれることなく響きわたっていた。[30]

おとなといえども常に「死」と隣り合わせに生きていたのであり、なおさら子どもは「避けがたい消耗品」[31]のように考えられていたのです。それゆえに親としても、子ども一人ひとりに関心を寄せ、配慮をするという精神状態にはなく、子どもがかけがえのない個としての「この子」という存在ではなく、生存の可能性が脆弱な「匿名状態」[32]に置かれていたのです。

子どもがどんどん生まれ、また生育過程でつぎつぎに死んでいくという自然淘汰性が強い多産多死型の人口動態の社会では、子どもはできるだけ早く成長することが要求されたのです。

子供もしゃべれるようになり、一人で歩けるようになれば、背の低い大人として扱われていたのです。(33)

したがって、このような中世社会では、子どもにはおとなとは別の独自の世界があるということは「発見」されず、子どもは「おとなのひな型」でしかなかったのです。

「子供時代に相当する期間は、〈小さな大人〉がひとりで自分の用を足すにはいたらない期間、最もか弱い状態で過ごす期間に切りつめられていた。だから身体的に大人と見做されるとすぐに、できる限り早い時期から子供は大人たちと一緒にされ、仕事や遊びを共にしたのである。ごく小さな子供から一挙に若い大人になったのであって、青年期の諸段階をすごすことなどな」(34)かったのです。

子どもは、フランス語で'age de raison'、すなわち「理性がつく」あるいあは「分別がつく」年齢と考えられていた六、七歳を過ぎると、もうおとなの保護を必要とする者とは見做されなくなったのです。'raison'の語源であるラテン語の'*ratio*'には第一義に「ものを勘定すること・計算」(35)という意味があり、'age de raison'といわれる六、七歳は、知的な側面を含めて、おとなの中に混じって社会的な活動ができる年齢段階を示していたのです。六、七歳までの乳幼児期とその時期を過ぎた段階の子どもは区別されたのです。(36) 乳幼児期を過ぎた子どもは「分別のつく小さなおとな」と考えられ、その時点で、子どもとおとなの区別はなくなり、中世社会の一員として、おとな同様に働き、生活していたのです。

中世社会においては、「子ども時代」はわずか六、七年間しかなかったのです。

(2)まなびとエミュレーション'emulation'

中世においては、子どもは六、七歳を過ぎて身の回りの始末ができるようになると「小さなおとな」と見做されて、おとなの社会に入れられて働いていました。その仕事の大半を占めていたのが農作業で、耕す・植える・刈るという単純作業をおとなと一緒に行っていたのです。また、機械工業化以前の手工業時代には、家庭内で行われていた糸紡ぎや機織り、籠や桶細工作業、蠟燭作りを手伝っていたのです。当時の作業は「小さなおとな」にもできる単純なもので、「小さなおとな」と見做されるとおとなと同じ仕事をしていたのです。

このように、子どもは六、七歳を過ぎると「小さなおとな」と見做され、早い時期からおとなの社会に入れられて、おとな扱いされていたわけですが、じつはこの「小さなおとな」というところに「成長」の意味がありました。すなわち、「小さなおとな」が一人前のおとなになっていくためには、その真似をしていかなければならなかったということです。中世の人間形成の原理は、徒弟制です。徒弟制のもとでは、子どもは「小さなおとな」と見做されると、徒弟'apprentice'として親方'master'のもとに預けられました。徒弟は、親方のもつ知識や技能を親方の仕事を手伝いながら、実地に真似しながらまなびとっていったのです。知識や技能ばかりでなく、さらに人柄や人格をも模倣しながら自然にまなびとっていったのです。「徒弟」を表す'apprentice'は、「見習い」「初心者」といった意味があります。語源のラテン語'*apprehendo*'は、もともと「攫む」という意味があり、(37)英語の'apprehend'「攫む」「会得する」の語源でもあります。英語の「徒弟」を表す'apprentice'は、親方の知識や技能だけでなく、人柄や人格をも「攫む」「会得する」ことから派生したことばだと考えられます。その意味で、親方は徒弟にとって全人格的な手本だったのです。徒弟は、その親方を模倣しながら知識や技能、人柄などをまなびとり、それぞれ一人前の職人に近づいていこうとしたわけです。そうした過程では、手本である親方に一歩でも近づこうとする「競い合い」'emulation'が奨励されたのです。このエミュレーションの第一義的な意味は「競い合い」ですが、それだけではなく、第二義に「模倣」という意味があり、今では使われない古語としてさらにもう一つ「是認」という意味がありました。(38)つまり、手本になる人を一所懸命に模倣して、一歩でも手本に近づこうという競い合いが奨励されたのです。そして、その結果として身につけたことは銘々なりに是認されたのです。

中世の人間形成の原理である徒弟制において、各自長所をもったおとなへの地位確立の基本はこのような「競い合い」であり、「模倣」と「是認」は自己表現の手段だったのです。中世において、エミュレーションは子どもを一人前のおとなに育成するための原型ともいえるものだったのです。

さらに、近代の人間育成の基盤である、すべての子どもを対象とした学校教育制度が整備され、公教育制度が確立されて普及していく中で、エミュレーションにおける「模倣」と「是認」の色彩が徐々に薄れていき、「競い合い」という色彩だけが濃厚に残り、それが「競争」を表すコンペティション'competition'に変質するまで、エミュレーションは子どもを一人前のおとなにするための基本的な原理だったのです。

◇「まなび」の語源を辿って

(1)「まなび」は「真似び」

エミュレーションは、「小さなおとな」が一人前のおとなへ近づくために互いに競い合いながら手本を模倣することによって成長していくための育成原理ともいえるものでした。

そこで、子どもが成長していく過程における「模倣」と「まなび」の関係について考えてみましょう。

そもそも「まなぶ」とはどういう意味なのでしょうか。『広辞苑』によれば、

【まな・ぶ】《学ぶ》一〔他五〕①まねてする。ならって行う。②教えを受ける。業を受ける。習う。③学問をする。→学《まね》ぶ。二〔他上二〕「まなぶ（五段）」の古活用（漢文訓読体に見られる）。(39)

と載っています。

調べてみたところ、その結果は意外とも思えるものでした。というのも、一般に「まなぶ」というと③の「学問をする」という意味で捉えられると思っていたところが、①の「まねてする」や②の「習う」という意味が先にあるからです。しかも、『広辞苑』の「凡例」によれば、「語義がいくつかに分かれる場合には、原則として語源に近いものから列記した」(40)と記されているのです。すなわち、①の「まねてする」「ならって行う」が「まなぶ」の語源により近い語義だということです。「まなぶ」の語源は、「まなぶ」人の能動性とか積極性、意欲などを感じさせる「学問をする」よりも、受動的とすら感じられる「まねてする」や「習う」に近いということです。

次に、③に「学問をする→学《まね》ぶ」とあるので、「まねぶ」を調べてみましょう。

【まね・ぶ】《学ぶ》〔他四〕（「真似る」と同源）①まねてならう。まねする。②見聞した物事をそのまま人に語り告げる。③教えを受けて習う。修得する。(41)

「学《まね》ぶ」は「まねてならう」「まねする」という意味ですから、まさに「真似る」と同源であることがわかります。

では、同源である「真似る」にはどんな意味があるのでしょうか。

【ま・ねる】《真似る》〔他下一〕文ま・ぬ〈下二〉〔「学《まね》ぶ」と同源〕他に似せてする。まねをする。模倣する。[42]

なるほど、「学《まな》ぶ」は「学《まね》ぶ」「真似ぶ」に由来し、さらに「真似る」に遡るということがわかります。

『広辞苑』の用例には広く古典からの引用も掲げられているので、表記や意味を確かめるために、さらに古語辞典で調べてみることにしましょう。

【まな・ぶ】《学ぶ》〔他バ四・他バ上二〕「まねぶ」に同じ。……「学マナブ　ナラフ」「倣　傚　ナラフ」〈名義抄〉[43]

「名義抄」とは『類聚名義抄』のことで、平安時代末期に成る和漢の音義・辞書・訓点本の集成で、漢和辞書のことです。(44)古語においては、「まなぶ」は「まねぶ」に同じであり、「まなぶ」に当てた漢語「學」を「マナブ」とも「ナラフ」とも訓じていたことがわかります。さらに、「ナラフ」には、「倣」「傚」という漢語もあるというのです。

そこで、同じように「まねぶ」についても調べてみましょう。

【ま・ねぶ】《学ぶ》〔他バ四〕(「まなぶ」とも)①まねして言う。口まねする。②あった事をそのまま人に語り知らせる。③まねする。模倣する。④学問や技芸などを習う。習得する。

《語誌》「まなぶ」は「まねぶ」の転とする説もあるが、「まなぶ」も「まねぶ」と同様平安初期にすでに用例(地蔵十輪経元慶点など)があり、「まねぶ」が先とは断定しがたい。むしろ、「まな―まね」の関係は、「ふな(船)―ふね」「さか(酒)―さけ」などと同じく、本来は前者が派生語・複合語中に出てくる形であったと思われる。「まなぶ」という動詞がまずあり、それにならって名詞形「まね」から「まねぶ」が派生したとみられる。(45)

「まなぶ」も「まねぶ」もすでに平安時代初期に用例があり、まず「まなぶ」という動詞があり、それにならって名詞形「まね」から「まねぶ」が派生したとみられるという《語誌》の記述は、とても興味深いものです。

そこで、「まね」を調べてみましょう。

【まね】《真似》〔名〕（「まねぶ」と同根）何かに似せること。何かのふりをすること。↓まねぶ。(46)

和語の「まね」に漢語の「真似」を当て、その動詞形を「まねぶ」として「真似ぶ」と表し、さらに「學ぶ」と表したと考えられます。

さらに、上代（一般に奈良時代とその前後の時期）ではどのような表記と意味をもっていたのでしょうか。

【まなぶ】〔学〕〔動上二〕①まねをする。見習って行う。マネブとも。……「学・傚・効　マナブ」〔名義抄〕②教えを受ける。学問する。

《考》名詞マネの動詞化したもの。「学」の字は日本書紀ではナラフの古訓もあり、ナラフとほぼ同義と考えられる。……↓ならふ。(47)

《考》の指摘は、とても興味深いものがあります。すなわち、「まね↓まねぶ↓まなぶ」と変化したらしいということです。さらに、「学」には「ならふ」という古訓もあり、「ならふ」とほぼ同義と考えられるということです。意味においてだけでなく、音においても「ならふ（う）」という訓が存在していたのです。

次に、「まねぶ」「まね」を調べてみましょう。

【まねぶ】〔効〕（動上二）まねをする。そのままに繰り返して言う。……「効・学　マネフ」（名義抄）↓まなぶ・まね。(48)

【まね】〔偽・効〕（名）まね。何かに似せること。マネニスの形で、～のふりをするの意に用いられている。……マネブ・マネスと同様にマネから派生したものであろう。……↓まなぶ・まねぶ。(49)

さらに、「ならふ」を調べてみましょう。

【ならふ】〔習・学〕（動四）①まねをする。前例に従う。……②学ぶ。習熟する。……③馴れる。馴れ親しむ。

《考》馴ルに語尾フが接してできた語か。……。(50)

なるほど、何度も真似をして、馴れることによって習熟することを「ならう」といったのです。

執拗にことばにこだわって調べてみましたが、「まなぶ」は「まねぶ」「まねる」、さらに「ならう」にも通じ、第一義に「まねをする」という意味であることがわかりました。「まなぶ」は、「まねする」「模倣する」ということだったのです。

大正時代の洋画家岸田劉生は、『図画教育論』（一九二五年）の中で、図画教育について論じながら、「まなび」について次のように述べています。

学ぶということはまねぶということである。長を真似するのは進化の意志である。学ぶ、この言葉の意味は真似て己を立つることである。真似んが為に学ぶのではなく、真似て己を立て己を活かさんが為に学ぶのである。独創といふ事を喧しく言ふけれども、模倣といふことは一面又独創の半面であるといふことも言へる。(51)

模倣は独創の始まりであるといへる。(52)

飽までも模倣は目的にあらずして手段である。それは独創が目的ではなくて手段であるやうに、否よりも更にもつと手段である。(53)

真の模倣は必ず独創を産むに至ると同時に、真の独創は必ず伝統を有つ。(54)

図画教育について述べたものですが、「まなび」を考えるうえでも非常に示唆に富んでいます。

すなわち、「学ぶ」は「まねぶ（真似ぶ）」ということであり、「学ぶ」は「真似て己を立つること」であり、「真似て己を立て己を活かさんが為に学ぶ」のである、と岸田は述べています。さらに、模倣は手段であるとも述べています。これはまさに、「模倣」と「是認」を自己表現の手段とするエミュレーションです。

また、日本の伝統的な生活文化・民間伝承文化を研究対象とした民俗学研究を主導した民俗学者柳田國男も、同時代の国民教育には手厳しい批判をしていましたが、「まなぶ」ということは大事だといっています。そして、「まなび」というのはもともと「真似び」であるともいっています。

マナブといふ動詞は上代の口語には有つたやうだが、語源は明らかに眞似・マネブと同じく、……。(55)
マネブはマヌル・マネスルも同じ起りで、師匠のいふ通りを口移しにいふことであり、……。(56)

すなわち、柳田も「まなぶ」は「まねぶ」や「まねる」であるというのです。

これまで調べてきたように、「まなび」の語源は「真似ぶ」だったのです。さらに、その意味は「まねする」「模倣する」ということだったのです。「真似び」は、まさにエミュレーションと同義語といえるものでした。すなわち、どちらも自己の成長と地位確立のための重要な自己表現の手段であり、自己教育だったのです。それが「人のために役立つ自己」を形成するという「まなび」の原型でありヽ、ヒトが人になるという「一人前」「人成《ひとなる》」の意味だったのではないでしょうか。「まなび」は、ヒトが人になるための育成原理ともいうべきものだったのです。

⑵漢語の「学」の字義

和語の「まなぶ」の語義や語源について調べてきました。「まなぶ」は「真似ぶ」であり、「真似る」「模倣する」という意味だったということがわかりました。

ところが、柳田國男の指摘によれば、和語の「まなぶ」に当てた漢語の「学」の本来の意味は「おぼえる」や「さとる」であるといいます。

すなわち、柳田は和語の「まなぶ」と漢語の「学（學）」の関係について、

學は覺と同じで、オボエル・オモフとも一つである。(57)

〈學〉は〈覺〉だから寧ろオボエル・サトルの方が當つて居る。(58)

と述べて、

マナブは……〈學〉といふ語の本義ではない。(58)

と指摘しています。

「學」は「自分が新たに考え出す、つまりサトルこと、賢くなることなのであ」(59)り、「〈學〉といふ漢語をマナブと訓ませたことは、誤りでもあれば又今日の不幸でもあつた」(60)とも述べています、つまり、「マナブ」≠「學」であり、むしろ「學」＝「覺」＝「オボエル・サトル」であるというのです。

そこで、漢語の「学（學）」にはどのような起源があり、どのような字義があるのか調べてみましょう。

白川　静の『字統』によれば、「学（學）」は次のように解説されています。

【学】〔學〕〔斆〕ガク・コウ（カウ）　まなぶ・おしえる
会意　旧字は學、爻《コウ》、𦥑《キョク》、冖《ベキ》、子《シ》の四文の会意。字の初文は𠓝。のちの字形の爻と冖との部分にあたるが、もと屋上に千木《ちぎ》のある建物の形で、いわゆるメンズハウスを意味した。両手を示す𦥑、そこに入る子弟を示す子は、のちに加えられた要素であり、ときには爻と子のみで示すこともある。教（教）はその形に従う字である。〔説文〕三下に斆を正字とし、學をその省文とするが、字の初形よりいえば、斆は學の繁文とみてよい。もと同字とみてよく、のち分化したものであろう。金文の〔也毀《やき》〕に、斆の字がみえている。〔説文〕三下に「覺悟《かくご》なり」と訓し、「悟る」意とするが、〔玉篇〕に斆を「教ふるなり」、學を「教を受くるなり。覺《さと》るなり」とし、両字を区別している。もと教・學は一系の字であり、攴を加えるのは教える立場を示すとみてよい。卜文にみえるメンズハウスの建物は千木形式で、わが国の神社建築と似ており、そこで秘密講的な、厳しい戒律下の生活がなされたのであろう。卜辞に小子・小臣を集めて教学することを卜するものがあり、小子・小臣は王族の子弟をいう。〔大盂鼎《だいうてい》〕にも、王が「余はこれ朕が小學に卽《つ》かん」と述べており、小学とはその機関の名である。周にもそのような年齢階級的な制度があり、その最も重要なものは神都である辟雍《へきよう》に附設されていた。〔静卽《せいき》〕によると、その学宮では射儀の教習が行なわれている。……學と斆とは、のち慣用を異にし、二字に分用される。〔書、説命《えつめい》、下〕に「これ斆《をし》ふることは、學ぶことの半《なかば》なり」とあり、教学相長ずるをいう。教えることは、自己の学習に外ならぬことである。(61)

抜粋が長くなりましたが、とても示唆に富んでいます。「会意」は会意文字であることを表しています。漢字字形の構成には、象形・指事・会意・形声・転注・仮借の六種があります。(62)「象形」とは「物の形をかたどって字形にしたもの」(63)であり、「指事」とは「事柄や数などの抽象的な概念を象徴的に形象化して字形としたもの」、(64)「会意」とは「象形・指事により作られた漢字を結合し、それらの意味を合わせて構成された複合文字」、(65)「形声」とは「発音を示す声符と意味範疇を示す義符とを結合して構成された複合文字」(66)のことです。「転注」は「ある漢字の本来の意義を他の近似した意義に転用すること」、(67)「仮借」は「適当する漢字のない時、同音の他の漢字を借りて宛てたもの」(68)

で、「転注」「仮借」ともに漢字の字形構成ではなく、漢字の用法に関したものです。[69]すなわち、「学（學）」は、「爻」「臼」「冖」「子」という四つの象形文字の意味を合わせて構成された会意文字だということです。

「千木」とは、建築用語で、「神殿などの屋根のむねの両端に交差して組み合わせた長い二本の木」[70]のことです。伊勢神宮や出雲大社の正殿などに見られるものです。

「メンズハウス」とは、おそらく日本でいう「若者組」や「若衆宿」にあたるもので、その名の通り男子弟のみを対象とした集会所だったと考えられます。「学」は、「教」の字義とともに子弟の育成に深く関わっていたことがよくわかります。

それでは、「爻」「臼」「冖」「子」には、それぞれどのような意味があるのか、再び『字統』で調べてみましょう。

【爻】コウ（カウ）　まじわる・ちぎ・ちぎのあるいえ

象形　千木《ちぎ》のある建物の形。……字としてはやはり千木をおいた屋形とみるべく、卜辞においては爻を学の初文として用いている。学はメンズハウスで、一定年齢のものがここに隔離された生活をして、氏族の伝統や秘儀について学習する秘密講的な施設であり、それが学校の起源であった。千木形式

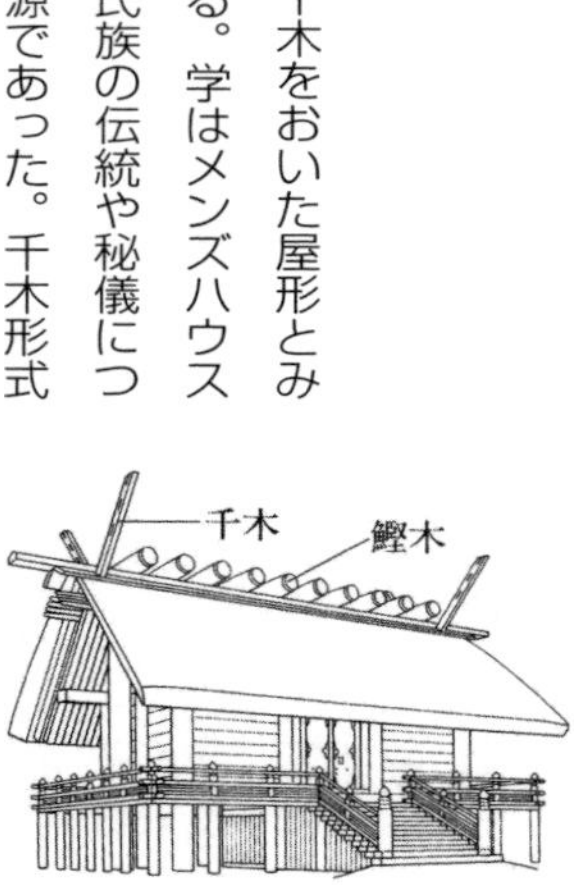

『広辞苑』（第七版）P. 1863

の建物は、神聖なものとされている。また学の正字「學」や教の正字「敎」のうちに、その形を含む。卜辞に学戊を爻戊としるしており、学の初文。……。(71)

【臼】キョク　さゆうのて・すくう
象形　左右の手を合わせる形に象る。両手で左右からものをもつことをいい、學（学）の字にその形が声として含まれている。……。(72)

【冖】ベキ　おおう
象形　上から覆うもの。……冖を字として用いる例はない。(73)

【子】シ　おとこ・こ・ね
象形　幼子の象。……子はいうまでもなく生子の象で、子を意味する字である。卜文や殷の金文に、子の両手を一上一下している形のものがあり、それは特定身分の王子たることを示す。……。(74)

「学」という字は、子を両手で左右からすくい、さらに上から覆って、千木のある神聖な屋形に隔離するという構成であることがわかります。そして「学」の字義は、一定年齢の男子弟が隔離されて厳しい戒律の下で生活をしながら氏族の伝統や秘儀について学習する秘密講的な施設のことであり、その施設は屋形に千木をおいた神聖な建物だったのです。そして、「それが学校の起源であった」のです。

さらに、解説に「学」を「ときには爻と子のみで示すこともある」との記述があるので、『字統』で詳しく調べてみましょう。

【𡥈】コウ（カウ）・キョウ（ケウ）　ならう・まなぶ
会意　爻と子とに従う。爻は千木形式の建物の形で、古代におけるメンズハウス。そこに子弟を集めて教育する意で、學（学）の初文。〔説文〕一四下に「放《なら》ふなり」とし爻声とするが、爻がその建物の形である。〔玉篇〕に「效《なら》（効）ふなり」とあり、放効《ほうこう》とは仿《ほう》効、規範に従って学ぶことをいう。敎《きょう》（教）・學の字はみな𡥈に従う。……。(75)

𡥈を構成している「爻」「子」は、すでに調べた通りです。すなわち、「學の初文」とあるように、𡥈は「千木形式を備えた神聖な建物に男子弟を集めて教育する」という意味であることがわかります。さらに、「學」という漢語を「まなぶ」と訓じただけでなく、反対の意味を表す「おしえる」とも訓じたことは、とても注目に値します。すなわち、「敎」も「學」も𡥈に従う字であり、「學」は「斅」とも表しながらも「學」に「攴」を付すことによって「敎」と同じ字義を持たせたのです。「學」と「敎」は「斅」を介して同じ字義を有していたのです。「敎學相長」、すなわち「教えることと学ぶことは相互に補完し合う」という表現も自ずと頷けます。

「学（學）」の字義は、一定年齢の男子弟が隔離されて厳しい戒律の下で生活をしながら氏族の伝統や秘儀について学習する秘密講的な施設のことであり、その施設は屋形に千木をおいた神聖な建物だったのです。そして「学」を「まなぶ」と訓ずるほかに、「おしえる」とも訓じていたのです。さらに、「おぼえる」や「さとる」という意味も有していたのです。まさに、柳田國男が指摘した通りだったのです。

漢語の「学（學）」と和語の「まなぶ」はその意味するところが異なり、「学」の基礎が「まなび」だったのです。それはまさに、『論語・為政篇』にいう「學而不思則罔」です。読み下すと、「学びて思わざれば則ち罔《くら》し」(76)となります。すなわち、「どんなに学んでも（模倣し真似ても）、そのことを自分で考え深め（学び悟ら）なければ、その道理は明らかなものにならない」(77)ということです。人の育成は、幼児期の「まなび」から少年期・青年期の「学（學）」へという過程を経て為されるものだということです。

(3) 'learn' と 'study'

一般に、「まなぶ」にあたる英語は 'learn' あるいは 'study' でしょう。念のため、'learn' と 'study' を英和辞典で調べてみましょう。

【learn】vt. (1)~を学ぶ、習う、習得する、教わる、~するようになる。(2)~を知る、聞き知る、~がわかる。(3)~を記憶する、暗記する。(4)〔古・俗・戯〕~を教える(teach)。

——vi. (1)学ぶ、習う、習得する、覚える。(2)聞き知る、知る。

◇learned adj. 〔< OE leornian learn〕(78)

【study】vt. (1)~を勉強する、学ぶ、研究する。(→LEARN《類語》)、~を調査する、〔大学で〕~のコースをとる。(2)~をよく見る、じろじろ見る、精読する。(3)〔せりふなど〕を覚える、暗記する。(4)~を考慮する、~のためをはかる。(5)~のきげんを取る。

——(1)vi. 勉強する、学ぶ、研究する、覚える。(2)努力する、~しようと努める(endeavor)。(3)〔米〕もの思いにふける、熟考する。

◇studious adj. 〔< ME studie < OF estudie < L *studium* zeal,study : 同系語studend studio〕(79)

これらの意味は、おおむねわたしたちが一般に考える「まなぶ」と隔たりがないといえます。

しかし、一見して 'learn' と 'study' の意味の違いがわかります。すなわち、'learn' が「習う」「教わる」「記憶する」「暗記する」「知る」といった受け身的な色彩が濃いのに対して、'study' は「勉強する」「研究する」「努力する」といった能動的な意味合いが強いということです。

さらに、'learn' の意味の中で解説されている 'learn' と 'study' の意味の違いは、とても興味深いものです。

《類語》 learn 勉強や練習によってまたは教えられて知識や技術を得ること、特に「覚える」ことを意味する。

study 努力して体系的に研究することを意味する。[80]

それは、'study'の語源であるラテン語の'*studium*'を調べてみると、さらによくわかります。

【*studium*】i.n〔*studeo*〕(1)熱心な努力、熱意、欲求。(2)専心、愛着。(3)偏愛、愛顧、ひいき。(4)仕事、用事。(5)好きな仕事、道楽、趣味。(6)勉強、研究。(7)研究室。[81]

'*studium*'は名詞なので、さらに動詞の'*studeo*'を調べてみましょう。

【*studeo*】*ere, dui.vn.va.* (1)得ようと努める、志す、熱心に求める。(2)〔ある人に〕味方している、～を助ける。(3)学問する（= *litteris studere*）。(4)学ぶ、研究する。[82]

このように、'study' には「得ようと努める」「熱心に求める」という、主体者の積極性や能動性が強く滲んでいたのです。

さらに、これまでに調べてきた「真似び」と「学び」の関係と比較すれば、'learn' には「真似び」の意味合いが強く感じられ、'study' には「学び」の色彩が濃く感じられます。英語においても、「真似び」の 'learn' と「学び」の 'study' は、その意味するところが異なり、はっきりと使い分けられていたのです。

言語の違いを越えて、「真似び」が「学び」の基礎だったように、英語の文化においても、「真似び」を意味する 'learn' が「学び」という意味の 'study' の基礎だったのです。

◇おわりに

人類の長い歴史の中で、いつの時代でも親やおとなが子に生きるための術《すべ》を伝え、子を一人前の人とすべく氏族の伝統や生活の規範を教えてきました。その教育は、生活に基盤をおいた「産」や「養」「育」に重きがありました。すなわち、教育でした。それは、触れ合いやことばといった無文字による口伝的・感覚的な伝達形態によって為されてきました。そこでは、「見る」「聞く」「話す」「触れる」などの五感がおおいに磨かれたのです。

さらに、その教育の手段は、模倣を主とした「真似び」でした。子どもは六、七歳を過ぎて「小さなおとな」と見做されると、一人前のおとなに一歩でも近づこうとして、氏族のおとなを手本として競って真似をしたのです。その「競い合い」'emulation'は、他人との「競争」'competition'ではなく、手本により近づき、到達しようとする「小さなおとな」たちの相互の励まし合いだったのです。その過程では、手本であるおとなの知識や技能だけでなく、礼儀や作法などをも模倣しながら摂取していったのです。そういった全人格的なものを段階ごとに身につけた「小さなおとな」は、その職業社会'guild'の一員として徐々に「是認」されて、一人前の人としての自己を確立していったのです。すなわち、模倣し、真似るという「真似び」を通して手本たるおとなの知識や技能を身につけ、それだけでなく礼儀や作法、さらに人柄や性格をも摂取していったのです。その過程で、迷い、悩み、試行錯誤し、思い、考え、悟るという「学び」によって、自己を形成していったのです。

まず、「真似び」を通して既存の知識や技能というカタの教育を行い、そうやって徐々に身につけた知識や技能を基に、考え、試行錯誤しながら自己を形成していくことが、ヒトから人への成長、発達だったのです。「学ぶ」ためには、その基礎として「真似び」がなければならないのです。カタにはめる教育をすると創造性や独創性が育たないと言われることがありますが、既存の知識や技能という基礎なしには創造性や独創性も育ちようがありません。無からはなにも生まれないのです。しばしば「〈自由〉に育てる」「〈伸び伸び〉と育てる」ということばを耳にしますが、「自由」も「伸び伸び」も人間社会の規律の中でこその「自由」であり、「好き勝手」という意味ではありません。(83)現在使われている「自由」には、「好き勝手」という意味合いが強く感じられてなりません。そういった「自由」は「放任」と同じです。「放任」では、ヒトは人には成り得ません。ヒトは人のカタにはめる模倣・真似、すなわち「真似び」という他律によって自律を促し、自立した人に成っていくのです。

「他律」と「自律」は二律背反し対立するものではなく、自律を目標としながらも既存の知識や技能を「真似ぶ」という他律によって為されるという、子どもの、そして本質的に人間の成長・発達の過程の中にもともと含まれているものなのです。「真似び」と「学び」の関係は、「他律によって自律を促す」という人間の成長・発達の過程における有様を捉えたものなのです。

「他律によって自律を促す」という人間の育成方法は、一見矛盾とも思えます。しかし、自立するためにはまず己を律する自律を身につけなければならず、自律を身につけるためにはさらにその基礎として他律を身につけなければなりません。他律を抜きにした自律は社会性に欠けるものとなるでしょう。社会性の欠けた自律は、独善的で、人間の社会の中では十分に機能せず、調和し得ません。高齢化社会をむかえて、盛んに生涯教育の必要性が説かれていますが、もともと人間は、生まれてから死ぬまで「真似び」と「学び」——すなわち、既存文化を摂取しながら思索すること——を繰り返して他律を身につけながら自律を確立し、自立をめざしていく存在なのです。人は「真似び」と「学び」の相互作用によって他律を身につけながら自律を確立し、自立していく存在なのです。

「真似び」と「学び」の関係を簡潔に表したことばがあります。

「學而不思則罔、思而不學則殆」(84)

これは、孔子の言行をのちに弟子たちが集録した『論語』の「為政」篇にある一文です。これを読み下すと、「學んで思わざれば則ち罔《くら》く、思いて學ばざれば則ち殆《あやう》し」となります。すなわち、「教えを受けても自分で深く考えなければ真に身につかず、自分で考えるだけで人の教えを受けなければ独断に陥って危険である」という意味です。この一節は、まさに「真似び」と「学び」の関係を余すところなく言い表しているといえます。

さらに、教育の「教」と「育」、「真似び」と「学び」の関係についていえば、「真似び」には「育」の

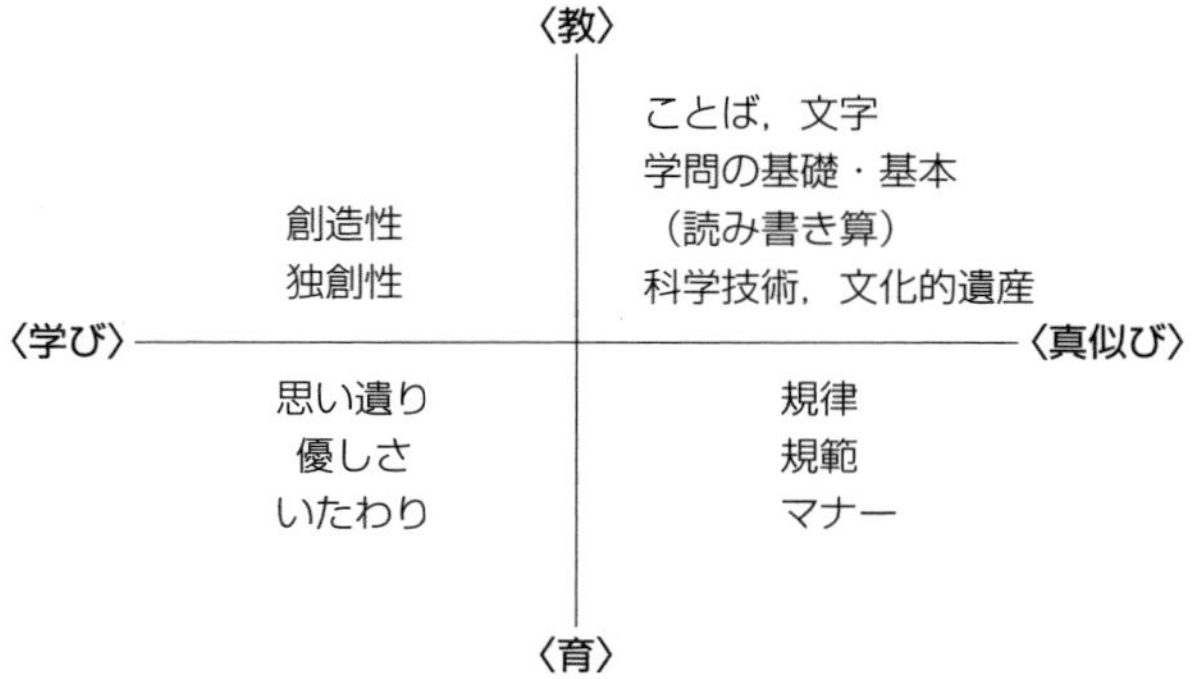

「真似び」と「教」の「真似び」があり、「学び」にも「育」の「学び」と「教」の「学び」があります。

「育」の「真似び」は規律や規範、マナーなどを親やおとなから真似て自己の内面に摂取することであり、「教」の「真似び」はことばや文字をはじめ、学問の基礎・基本や文化的遺産を模倣して身につけることです。

他方、「育」の「学び」とは、「育」の「真似び」によって自己の内面に摂取した規律や規範、マナーなどを基にして、他人への思い遣りや優しさなどを醸成することであり、「教」の「学び」とは、「教」の「真似び」によって身につけたことばや文字、文化的・学問的遺産を駆使して創造性や独創性を発揮することです。

しかもこの四つの領域は独立しつつも互いに補い合う関係にあり、この四つの領域の相互作用によって自己を高める行為が「まなび」であり、それを手助けし支援するのが教育だと考えられます。孔子の残した「學而不思則罔、思而不學則殆」は、まさにこの相互関係を端的に言い表したことばといえるでしょう。

作家池波正太郎の「現代《いま》は人情蔑視の時代であるから、人という生きものは〈情智〉ともにそなわってこそ人となるべきことを忘れかけている。〈情〉の裏打ちなくして〈智性〉おのずから鈍磨することに気づかなくなってきつつある…」(85)という指摘を借りて表せば、「人というものは〈教〉〈育〉

ともに備わってこそ人となるべきことを忘れかけている。〈育〉の裏打ちなくしては、〈教〉自ずから鈍磨してしまう」と言えるのではないでしょうか。さらに、「教」と「育」は相補って人間を形成しているのであって、この両者を切り離してしまうと、「真似び」の喜びも「学び」の楽しさも失われてしまうのです。

現代は「教・真似び」の領域が過度に偏重され、ともすれば「育・真似び」や「育・学び」の領域が脇に押しやられているように思えます。それゆえに、この二つの領域で養われるべき忍耐とか遠慮、努力といった規律や規範、さらに思い遣り、優しさなどの希薄な子どもたちが増えて、家庭や学校、社会において様々な不適応現象を引き起こしています。まさに、「育」の裏打ちなくして「教」自ずから鈍磨してしまうといえるのです。しかも、「真似び」にしても「学び」にしても、「育」の領域は「人が人に伝える」ものであり、人の立ち居振る舞いや有様でしか示し得ないし、また実際に経験して感性で感じ取っていかなければ心に沁みていかないでしょう。「育」の領域は、「人から人へ」という血の通った生の世界のものなのです。「教・真似び」の領域は、人の話からでも、本や新聞、雑誌からでも、テレビ、映画、インターネットからでも摂取できますが、「育」の領域は人と接し、人の有様からしか感得し難いものです。ゆえに、「育」の領域、殊に「育・真似び」の領域をしっかり見据え、子どもに伝えていくことを真剣に考えなければなりません。そして、その伝達が円滑になされることによって、「育・学び」の領域も醸成されやすくなり、さらに「教・真似び」の領域を身につける意義も一層はっきりし、「教・学び」の領域もより豊かに育まれ得るのではないでしょうか。人の成長・発達には、「育・真似び」の領域を基盤とする視点が欠かせないことを再認識すべきでしょう。

今後、この四つの領域の構成をさらに解明していくことが、「まなび」と「教育」をより深く捉えるための手掛かりとなるのではないでしょうか。殊に現代の教育が抱えている「心の教育」を考えるにあたっては、「育・真似び」の領域を見直し、その重要性を改めて認識しなければならないでしょう。

それは同時に、「育・真似び」の領域を子どもに伝えるべき親やおとなの有様が厳しく問われることでもあります。

子供の頃
大人は何でもできて
何でも知っていて
努力があって
強さがあって
やさしくて

正しくて
頼もしくって
なんてすごいんだと
思っていた
大人になった時
そうなれるかと
心配だった
いざなってみて
周りを見渡すと
ほんとの大人は
とっても少ないんだと
わかった(86)

＊本稿は、「仔馬」（第70巻第3号）（二〇一八年一一月一三日）所収に加筆修正したものです。
初出：「幼稚舎シンフォニー'99」（二〇〇〇年二月一五日）所収を改題。

〈注〉

（1） Jean-Jacques Rousseau, "Emile,ou de l'éducation.", 1762. ジャン・ジャック・ルソー、今野一雄訳、『エミール』、岩波書店、一九七三年、（上）P.32。
（2） J.J.ルソー、前掲書、P.71。
（3） J.J.ルソー、前掲書、P.69。
（4） J.J.ルソー、前掲書、P.24。
（5） 「特集　学校――〈教える〉から〈学ぶ〉へ」、『世界』（一九九九年七月号、第六六三号）所収、岩波書店、P.77～128。
（6） 前川喜平、『写真でみる乳児健診の神経学的チェック法』、南山堂、一九八九年、P.35。
（7） Adolf Portmann, "Biologische Fragmente zu einer Lehre vom Menschen.", 1951. アドルフ・ポルトマン、高木正孝訳、『人間はどこまで動物か――新しい人間像のために』、岩波書店、、一九六一年、P.253。現在では、ポルトマンの記述には調査した動物に偏りがあるなどの指摘があると言われています。しかし、人間と他の動物との相違点を指摘した大枠については現代でも多くの示唆を与えてくれています。
（8） A・ポルトマン、前掲書、P.58。
（9） A・ポルトマン、前掲書、P.43。
⑽ A・ポルトマン、前掲書、P.60。
⑾ 野地潤家・阿川弘之他著、『しょうがっこう　こくご　一ねん上』、学校図書、一九九六年、P.56～61。
⑿ A・ポルトマン、前掲書、P.62。
⒀ A・ポルトマン、前掲書、P.61。

(14)　A・ポルトマン、前掲書、P.61。
(15)　A・ポルトマン、前掲書、P.76。
(16)　A・ポルトマン、前掲書、P.58。
(17)　A・ポルトマン、前掲書、P.76。
(18)　A・ポルトマン、前掲書、P.115。〔傍線・筆者〕
(19)　A・ポルトマン、前掲書、P.102。〔傍線・筆者〕
(20)　A・ポルトマン、前掲書、P.63。
(21)　A・ポルトマン、前掲書、P.76。
(22)　堀尾輝久、『子どもの発達・子どもの権利』、童心社、一九八九年、P.157。
(23)　Jean-Marc Gaspard Itard, "De l'Education d'unhomme Sauvage ou des premiers développements physiques et moraux du jeune sauvage de l'Aveyron. ", 1801. ジャン・マルク・ガスパール・イタール、中野善達・松田清訳、『新訳アヴェロンの野生児——ヴィクトールの発達と教育』、福村出版、一九七八年、P.3。
(24)　J. M. G. イタール、前掲書、P.18。
(25)　J. M. G. イタール、前掲書、P.54。
(26)　J. M. G. イタール、前掲書、P.55。
(27)　A・ポルトマン、前掲書、P.110。
(28)　Etienne Bonnot de Condillac, "Traité des Sensations.", 1754. エティエンヌ・ボンノ・デ・コンディヤック、加藤周一・三宅徳嘉訳、『感覚論』、創元社、一九四八年、(下) P.123。
(29)　小林　登・小嶋謙四郎・原ひろ子・宮澤康人編、『新しい子ども学』3、海鳴社、一九八六年、P.81。

(30) Johan Huizinga, "Herfstij der Middeleeuwen.", 1919. ヨハン・ホイジンガ、堀越孝一訳、『中世の秋』、『世界の名著』55所収、中央公論社、一九六七年、P.268。

＊「メメント・モリ」（羅：*memento mori*）は、ラテン語で「自分が（いつか）必ず死ぬことを忘れるな」、「死を忘るなかれ」という意味の警句です。

(31) Philippe Ariès, "L'enfant et la vie familiale sous l'ancian régime.", 1960. フィリップ・アリエス、杉山光信・杉山恵美子訳、『〈子供〉の誕生――アンシャン・レジーム期の子供と家族生活』、みすず書房、一九八〇年、P.41。

(32) P・アリエス、前掲書、P.41。

(33) 阿部謹也、『中世の窓から』、朝日新聞社、一九八一年、P.32。

(34) P・アリエス、前掲書、P.1。

(35) 田中秀央、『研究社羅和』、研究社、一九六六年、P.521～522。

(36) 「産育と教育の社会史」編集委員会（代表・中内敏夫）編集、『叢書――産育と教育の社会史』4、新評論、一九八四年、P.20～21。

(37) 田中秀央、前掲書、P.46。

(38) 'emulation' と 'competition' については、David Hogan, "The market revolution and disciplinary power.", History of Education Quarterly, volume 29, number 3, Fall, 1989. 所収、P.381～417を参考にしました。

(39) 新村 出編、『広辞苑』（第三版）、岩波書店、一九八三年、P.2263。

(40) 新村 出、前掲書、「凡例」P.13。

(41) 新村 出、前掲書、P.2264。

(42)　新村　出、前掲書、P.2264。
(43)　田中祝夫・和田利政・北原保雄編、『古語大辞典』、小学館、一九八三年、P.1530。
(44)　新村　出、前掲書、P.2531。
(45)　田中・和田・北原、前掲書、P.1531。
(46)　田中・和田・北原、前掲書、P.1531。
(47)　「上代語辞典編修委員会」（代表・澤瀉久孝）、『時代別国語大辞典　上代編』、三省堂、一九六七年、P.687。
(48)　「上代語辞典編修委員会」、前掲書、P.688。
(49)　「上代語辞典編修委員会」、前掲書、P.687。
(50)　「上代語辞典編修委員会」、前掲書、P.537。
(51)　岸田劉生、『図画教育論』、改造社、一九二五年、P.713。
(52)　岸田劉生、前掲書、P.713。
(53)　岸田劉生、前掲書、P.715。
(54)　岸田劉生、前掲書、P.715。
(55)　柳田國男、『定本柳田國男集』第一九巻、筑摩書房、一九六九年、P.48。
(56)　柳田國男、前掲書第三一巻、P.16。
(57)　柳田國男、前掲書第三一巻、P.16。
(58)　柳田國男、前掲書第一九巻、P.48。
(59)　柳田國男、前掲書第三一巻、P.16。
(60)　柳田國男、前掲書第一九巻、P.48。

(61) 白川　静、『字統』、平凡社、一九九六年、P.110。
(62) 新村　出、前掲書、P.2504。
(63) 新村　出、前掲書、P.1178。
(64) 新村　出、前掲書、P.1044。
(65) 新村　出、前掲書、P.380。
(66) 新村　出、前掲書、P.735。
(67) 新村　出、前掲書、P.1676。
(68) 新村　出、前掲書、P.444。
(69) 新村　出、前掲書、P.2504。
(70) 吉田精一監修、『国語実用辞典』、旺文社、一九八七年、P.565。
(71) 白川　静、前掲書、P.286〜287。
(72) 白川　静、前掲書、P.204。
(73) 白川　静、前掲書、P.768。
(74) 白川　静、前掲書、P.358〜359。
(75) 白川　静、前掲書、P.292。
(76) 鎌田　正・米山寅太郎編、『故事成語名言大辞典』、大修館書店、一九八八年、p.1179。
(77) 主婦と生活社編、『成語大辞苑』、主婦と生活社、一九九五年、P.1086。
(78) 旺文社編、『旺文社英和中辞典』、旺文社、一九七五年、P.1078。
(79) 旺文社編、前掲書、P.1774。

(80) 旺文社編、前掲書、P.1078。
(81) 田中秀央、前掲書、P.594。
(82) 田中秀央、前掲書、P.594。
(83) 加地伸行、『「自由」は「道理」の誤訳なり』、産経新聞『正論』所収、一九九九年、六月一一日（金）。
(84) 鎌田・米山編、前掲書、P.1179。
(85) 池波正太郎、『鬼平犯科帳』文藝春秋、一九七四年、文春文庫版（一）P.97。
(86) 高川真紀子、『大人』、産経新聞『朝の詩』所収、一九九九年、七月二一日（水）。

6 教育における「規模」について
―イギリスのコレッジ、パブリックスクールを通して―

◇はじめに

近年、六・三・三制の教育制度が子どもたちの成長・発達にそぐわない、あるいは教育の効率性を高めたい、あるいは中学校と高等学校、小学校と中学校の接合の不具合を少しでも解消したいなどの理由から、中高一貫校や小中一貫校が創設されています。さらに最近では、「小一プロブレム」――小学校に入学した子どもたちの「先生の話が聞けない」「じっと座っていられない」などといった問題――の解決の糸口として幼稚園で読み書きや整列などを教育しようとする動きもあります。

様々な角度から様々な方法で、より良い教育のあり方を模索する動きが活発になり始めていますが、本稿では、かつて見学したことのあるイギリスのコレッジとパブリックスクールを概観しながら、教育における「規模」の問題について考えてみたいと思います。

◇オックスフォード大学を訪ねて

オックスフォード駅から東へしばらく歩いて行くと、古色蒼然とした街並みが現れます。これがオックスフォード大学であるという建物があるわけではなく、オックスフォード市街にユニバーシティコレッジ、マートンコレッジ、ニューコレッジ、トリニティーコレッジ、クライストチャーチなど四十六のコレッジ（ホールと呼ばれるものもある）が散在しており、それらを総称して「オックスフォード大学」といっているのです。ですから、学生はあるコレッジに入学して在籍し、そのコレッジを通してオックスフォード大学に所属しているのです。

この制度は、三十一のコレッジからなるケンブリッジ大学においても同様です。(1)

◇学寮としてのコレッジ

他の大学には見られない、コレッジ（college）というオックスフォ

トリニティーコレッジ

フォード大学とケンブリッジ大学独特の学寮は、いったいどのようにして起こったのでしょうか。

手始めに、「コレッジ」の意味とその語源について、英和辞典で調べてみました。(2)

第一に、

【college】n. 1単科大学・専門学校・〔総合大学（university）の一部を成す〕専門学部、〔一般教養の〕学部・〔一般に〕大学（university）」

と載っています。私たちが一般に理解しているのは、この意味でしょう。

次に、

3《英》学寮〔大学（university）を構成する教師および学生の自治体でCambridgeのChrist's College, Oxford の Merton College など〕

4《英》ある特定のpublic schoolの名称〔Eton college, Winchester Collegeなど〕cf. Rugby, Harrow.

5〔上記の各学校〕校舎、寮舎

6 団体、共同体、学会、協会、一団

などの意味が載っています。【英】が付されている二つの意味はイギリスの特定の学校において固有に用いられているということだけで、起源まではわかりません。最後に載っている意味が、「何らかの権利や職業に共有する」という意味合いを含んだ「団体・共同体」というニュアンスを伴って、学寮としてのコレッジの意味に関わっているように思えます。

さらに英和辞典の後を詳しく見ていくと、

〈F *collège* 〈L *collēgium* community guild

と書いてあります。

すなわち、英語の 'college' の語源はフランス語の '*collège*' に遡り、さらにそれはラテン語の '*collēgium*' に遡るということです。しかも、'community' や 'guild' とも同義だというのです。

このように、英語のコレッジやフランス語のコレージュという語は、必ずしも「大学」を意味するものではなかったのです。そのもとになったラテン語のコレギウムは「団体」とか「組合」といった意味に用いられていたものであり、[3]中世ヨーロッパの親方職人の同業組合はギルドと呼ばれていましたが、コレッジと呼ばれることもありました。また、修道院が普及するようになると、修道院もしばしばコレッジと称したといいます。[4]

オックスフォード大学とケンブリッジ大学のコレッジは、どうやらコレッジと呼ばれていた修道院と関わりがありそうです。という

クライストチャーチ

のも、修道院は「厳格な戒律の下に共同生活を営んで修業を積むキリスト教の修道士または修道女の団体」(5)のことで、その僧院は「修道士の養成所・学術研究所・図書館・福祉活動の機能を兼ね」(5)備えていたからです。

やがて、コレッジとも呼ばれた修道院の学術研究所から独立した、聖職者や神学研究者のための神学研究施設としてのコレッジが大学町のオックスフォードに創られました。

聖職者ウィリアム・オブ・ダラム（William of Durham）は、一二四九年、オックスフォードの神学研究者のために資金を遺贈し、一二八〇年、大学当局はこの資金を充ててコレッジを創設した。これがユニバーシティコレッジ（University College）の起源で、一二八〇年の創設であるが、ウィリアムが資金を遺贈した一二四九年を創設の年として、このユニバーシティコレッジをもってオックスフォード大学最古のコレッジとするのが定説になっている。(6)

『イギリスの生活と文化事典』によれば、一四三八年に創設された

ユニバーシティコレッジ

オールソウルズコレッジ（All Souls College）は現在も「唯一のフェロー専用のコレッジ」(7)だそうです。

このように、一方で神学を研究するための修道院的なコレッジが創られました。他方で、さまざまな組織体がコレッジあるいはギルドあるいはコミュニティと称していた中で、やがてコレッジという言葉は「貧しい学生に食と住を保証するために作られた建物のこと」(8)も意味するようになりました。

学生はそのコレッジで食住して、そこから大学町にある私塾的な文法学校に通って学んだといいます。そこで学生は「あらゆる学問の中心」である神学を学ぶための教育の基本として、「自由七科」（liberal arts）、すなわちラテン語文法・修辞学・弁証法の「三学」（trivium）と幾何・算術・天文学・音楽の「四科」（quadrivium）を学んでいたのです。「さいごに神学教育によって完全なものとさせられることになる。ここでいう神学とは聖書と教会法の研究のことである」。(9)

このように、初期のコレッジは、「単なる寄宿寮であるにすぎず、いかなる教育もそこでなされてはいなかった」(10)のです。

マートンコレッジ

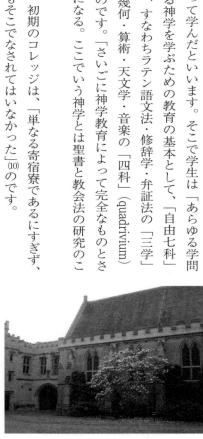

やがて、神学研究者のための研究施設としてのコレッジと学生の宿泊施設としてのコレッジを合わせた、教授・教育を行うコレッジが創られることになりました。

この学生・生徒の共同生活施設がやがてその内部に教師を抱えて教授施設すなわち学校の機能を兼ねるようになるに至って、それは寄宿学校（ボーディングスクール）と同じような意味を持つようになった。…（中略）…そうしたカレッジの初期の代表的な例は、パリではロベール・ド・ソルボン（Robert de Sorbon）が一二五四年に創設したもの、(11)オックスフォードではウォルター・ド・マートン（Walter de Merton）が一二六四年に創設したマートンホールがそれであった。これらの慈善的無料学寮（コレッジ）は初め大学町でリベラル・アーツの課程を学ぶ者のための施設であったが、やがて一方では神学、法学等の専門課程を学ぶ者もつづいて収容されるようになり、他方では初等のラテン語文法を学習する「年少生」（parvulus）をも収容するものがあった。マートンのホールがそうであった。(12)

こうしてコレッジは、寄宿学校的な教育の施設に変貌していったのである。(13)

さらに、当初から教授・教育のためのコレッジとして創設されたのが、一三七九年にウィンチェスター司教ウィリアム・オブ・ウィカム（William of Wykeham）によって創設されたオックスフォードのニューコレッジ（New College）です。

ニューコレッジは、在来のコレッジと違って、単に教授資格を持ったマスター（Master）だけでなく、若い学生たちにも門戸を開く意図の下に創設された。はじめニューコレッジは、同じくウィリアムの創設にかかるウィンチェスターコレッジ（Winchester College，今日もウィンチェスターにあるパブリックスクール）の卒業生のみしか入居を許可しなかったが、一八五四年、この制度は撤去された。(14)

ニューコレッジの「ニュー」には、新しく創設されたという文字通りの意味だけでなく、研究者のみのコレッジでもなく、また学生の宿泊寮としてのコレッジでもない、師弟同居という新しい形態の意味も込められていたのでしょう。

そしてウィカムは、師弟同居という濃密な教育環境である二つのコレッジ——すなわち大学の予科的な中等教育のコレッジと大学のコレッジ——を創り、聖職者養成のための一貫教育を行おうとしたのです。

ニューコレッジ

なお、ピーター・ミルワードの『イギリスの学校生活』によれば、イエズス会系の学校では男子校をコレッジと呼ぶのに対して、ウルスラ会系の女子校をコンヴェント（convent）――女子修道院――と呼ぶそうです。(15) このような呼称からも、コレッジの源流が修道院であることが窺えます。ユニバーシティコレッジやニューコレッジがそうであったように、オックスフォード大学の有名なコレッジはいずれも司教や大司教などの聖職者によって創設されたものであり、「オックスフォードのコレッジは聖職者養成を目的とするものであった」(16)といわれます。それだけに、英国国教会との結びつきが強かったと考えられます。

あらゆる学問の中心が神学であった中世において、その神学を学ぶ――すなわち学問を学ぶ――中心は教会であり、僧院、修道院でした。ゆえに、聖職者養成を目的として僧院や修道院から派生した学寮としてのコレッジが必然的に僧院や修道院的な性格と組織をもった施設であったと考えることは想像に難くありません。コレッジ内に教会や礼拝堂があることも至極当然のことだったのです。

さらに、大学において教授の指導の下に学生が集まって研究し、発表・討論などを行う「ゼミ」はドイツ語のゼミナール'seminar'の略称ですが、'seminar'には「神学校」という意味もある(17)ことは、'college'の起源とあわせて考えると、大学やそこでの教育形態がキリスト教の修道院や神学校に由来し、現代までその余韻を残していることに興味をかきたてられます。

なお、英語のコレッジと同じくラテン語のコレギウムから派生したフランス語のコレージュは、現

在ではもっぱら中学校を意味する言葉として用いられています。(18)

◇チューター制度

オックスフォード大学とケンブリッジ大学での特異な教育形態として挙げられるのが、「個人指導制度」です。オックスフォード大学ではチュートリアル（tutorial)、ケンブリッジ大学ではスーパーヴィジョン（supervision）と呼ばれる(19)「個人指導制度」は、どのようにして生まれたのでしょうか。ここでは、ウィカムが創設したニューコレッジを例に調べてみました。

ウィカムは、新しいコレッジを創設するにあたって、従来のコレッジと異なって、教授資格を持ったマスターだけでなく、学生にも門戸を開くことを意図しました。すなわち、マスターの研究だけのコレッジでもなく、学生の宿泊だけのコレッジでもない、第三のコレッジを創ろうとしたのです。では、ウィカムはどのようなコレッジを創ろうとしたのでしょうか。

ウィカムは、一部屋に四人が起居して、その各々がそれぞれのコーナーで勉学できるように、部屋の設計に配慮したという。その一部屋には、必ず教授資格を持つ年長者一人を置き、それに学生三人を割り当てるという組み合わせにした。その年長者は、同室の学生たちに学問を教授し、その報酬として、なにがしかの謝礼を受け取るように定められていた。これはオックスフォード大学における基本的な教育形式たる「個人指導制度」(チュートリアル、tutorial)のはじまりと見るべきであろう。[20]

このように、先生と学生が同じコレッジ内で寝食を共にして、教授し、教育されるようになったのです。

自身ウィンブルドンコレッジ、オックスフォード大学キャンピオンホールの出身であるピーター・ミルワードの『イギリスの学校生活』によれば、「午前中は講義の時間で、出たい者、ないしは出る余裕のある者は講義に出る。別に強制はない」。[21] しかし、「学生は自分の所属する学寮で、個人指導の先生――いわゆるチューター――の割り当てを受け、一週間に一度このチューターの部屋に行って指導を受けなければならない」。[22]

「教師一名対学生一ないし数名で行われる個人指導が各コレッジの責任においておこなわれ、講義への出席が任意であるのに対し、個人指導は義務づけられて」[23]いたのです。

家庭内での教育になるべく近づけるためにチューターによるマンツーマンの指導・教育が行われていたのです。ですから、学生にとって、講義を聴くことではなく、個人指導を受けることが教育の基本と考えられていたのです。

さらに、教育の基本が個人指導にあることを考えるにあたって、コレッジがもともと修道院であり、ゼミナールが神学校であったことを考えれば、なおさらよくわかります。すなわち、聖職者の養成は、先達が若い後輩にキリスト教神学を教え、伝えていくことによってなされていたわけです。ゆえに、その教育法は、必然的に「人が人をつくる」あるいは「人が人によって人になる」ような人材育成法――すなわち、師弟の濃密な人間関係の上に成り立つ個人指導――という形態になります。弟子（学生）に応じた個人指導によるから、大量生産方式的な教育法は不可能なのです。人の育成をいかに大切に考えていたかを知る手掛かりとして、とても感心させられます。

◇中等教育としてのコレッジ

いわゆるパブリックスクールと呼ばれる中等教育の学校には「コレッジ」を冠するものがありますが、大学の学寮としてのコレッジやコレッジとも呼ばれた修道院となにか関係があるのでしょうか。

近世まで、ラテン語を中心とした自由学問は王侯貴族や聖職者など特権階級に対してなされるものでした。しかもその教育は、家庭内や教会内でなされていました。すでに述べてきたように、教会は自己保存のために、いわば必要に迫られて、聖職者養成のための教育を体制内において独自に行ってきました。

他方、王侯貴族階級は、その子弟に立派な先生を家庭教師として雇い、家庭内でラテン語を基本とした教養教育を行っていました。ですから、家庭外の学校に通う必要がなかったのです。そして一応の教育が終わると、パリやローマ、ボローニア、フィレンツェ、ヴェネツィアなどの古典文化の都市へ「グランドツアー」と呼ばれる旅行に出かけました。しかし、この教育にはとても費用がかかりました。ゆえに、このような教育を子弟に受けさせることができたのは、王侯貴族などの特権階級に限られていたわけです。このように、王侯貴族階級の子弟の教育は個人単位が原則だったのです。(24)

ところが、オックスフォードとケンブリッジのコレッジがしだいに整って、神学や法学、自由学問の高等教育が行われるようになり、そこでの教育の質が認められるようになると、下層中産階級や中流階級の子弟だけでなく、貴族や上流階級の子弟からもコレッジへの入学希望者が現れてきました。

コレッジ内にも内部機構の変化が起こりました。神学をはじめ、法学、論理学その他の自由学問の大学課程から、ラテン語文法課程が切り離されるようになったことです。大学でラテン語中心の学問教授を受けるに際して、ラテン語文法の学習はコレッジに入るまでに修めておくことが求められるようになったからです。(25)それに伴って、コレッジに入るためにラテン語文法の基礎を教える学校が創られるようになりました。このような学校は、オックスブリッジ（オックスフォードとケンブリッジをまとめた呼称）のコレッジで学ぶ学生に予めラテン語文法の基礎を教える予科的教育機関として設けられたことから、グラマースクール（Grammar School、ラテン語文法学校）と呼ばれます。

一三七九年にオックスフォードにニューコレッジを創設したウィンチェスターの司教ウィリアム・

オブ・ウィカムは、三年後の一三八二年に彼の主宰する司教座所在地であるウィンチェスターに年少者のためのラテン語文法だけを学ぶ課程をもった全寮制のコレッジを創り、才能のある中流階級や下層中産階級の若者を給費生として収容しました。(26) ウィンチェスターコレッジ（Winchester College）と呼ばれるこの学校は、大学での教育を受ける前段階の教育――のちにそれは中等教育と呼ばれるようになる――を担う予科的な学校として創設されたのです。しかも、そこでラテン語文法を修めたと認められた者はオックスフォードのニューコレッジに進学することが許されたのです。一八五四年にその制度が撤廃されるまで、「ニューコレッジはウィンチェスターコレッジの卒業生のみしか入学を許可しなかった」(27)といいます。

このようにウィンチェスターコレッジは、聖職者養成を目的としたオックスフォードのニューコレッジへの予科的教育機関としてニューコレッジを模して創設され、聖職者養成という修道院的性格を有していたことから、「コレッジ」を称したと考えられます。

ウィンチェスターコレッジの設立とそこでの教育の質の高さが認められると、教会の支援を受けて、あるいは王侯貴族の援助を得て、オックスブリッジで高等教育を受ける前段階の中等教育を担う学校として、広く下層中産階級にまで枠を広げた全寮制のラテン語文法学校が設立されるようになりました。

パブリックスクールとして有名なイートンコレッジ（Eton College）も全寮制のウィンチェスター

コレッジ型の中等教育のコレッジとして創設されました。しかし、設立者や学校の性格などはウィンチェスターコレッジとは趣を異にしていました。

一四四〇年、一八歳で親政を始めたヘンリー六世が神への贈り物（初穂）として、イートンの教区寺院の境内に創設したものがイートンコレッジです。しかしこのコレッジは、当初「単なる寄宿制文法学校というようなものではなく、一つの、王室の安泰とその祖先の冥福を祈願するための祈禱所的慈善施設であり、文法学校はコレッジ全体の機能の一部として組み込まれていたのにすぎない程度のものでした。[28]しかし、一四四六年に公布されたヘンリー六世のイートンコレッジに対する文法学校設立の特許状によって、コレッジ内の文法学校は「公開普通文法学校」（Public and General Grammar School）として認可されました。しかも、イートンの文法学校は「在寮生だけではなく、通学生を認めて」[29]いたのです。在寮生は少なくとも下層中産階級以上の子弟でしたが、「在寮する聖歌隊少年や通学生には階層的制限はなかった」といいます。[29]

さらにヘンリー六世は、イートンのコレッジを設立した翌年の一四四一年に、ケンブリッジに聖ニコラスキングズコレッジ（King's College）を設立し、イートンの文法学校の卒業生を入寮させました。キングズコレッジへの入学がイートンの卒業生に限られるしきたりは、一八六一年まで続いたといいます。[30]

このように、イートンコレッジは、設立当初の性格から、ケンブリッジのキングズコレッジへ進学するための予科的教育機関に変貌していったことがわかります。そして、創設者や創設の目的はウィンチェスターコレッジとかなり趣を異にしていたとはいえ、もともと祈禱所的慈善施設であり、大学のコレッジを模して創設されたことから、イートンコレッジも「コレッジ」を称したのでしょう。

◇パブリックスクール

ウィンチェスターコレッジやイートンコレッジなど有名校は私立学校なのに、なぜ「パブリックスクール」と呼ばれるのでしょうか。

'public school' を英和辞典で調べてみると、

【英】パブリックスクール〔寄宿制の私立中・高等学校で、大学進学の予備教育及び公務員養成を目的とする。Eton College, Winchester College などが有名〕(31)

と書いてあります。

イギリスのパブリックスクールは、公立学校ではなく、私立学校、特に国家から財政援助を一切受けていない寄宿制の独立学校（Independent School）のことです。

では、なぜ「パブリック」なのでしょうか。

その理由の一つに、先に述べたように王侯貴族がその子弟のために宮廷や屋敷内で行っていた私的な教育ではなく、聖職者あるいは国王によって設立され、広く下層中産階級からも才能のある若者を給費生として収容した学校であったことから、'public' が冠せられたのであろうと考えられます。

英和辞典で 'public' を調べてみると、「公立の」や「国家の」という意味の他に、「一般に開放された」[32]とか「公開の」[32]という意味もあります。「パブリックスクール」は、まさに「一般に開放された」「公開の」学校でした。ちなみに、この意味で用いられた熟語を調べてみると、'public house' があります。[33] 第一の意味には、「酒場・居酒屋」とあります。通称 'pub.' は、この 'public house' の略称です。[34] 第二の意味には、「旅館・宿屋」とあります。なぜ「居酒屋」や「宿屋」が 'public' なのかというと、もちろんどちらも公立ではなく個人経営の私立ですが、会員制ではなく、一般に開放された、すなわちお金さえ払えば誰でも酒が飲め、泊まれるという意味だからです。

さらにもう一つの理由は、一四四六年に公布されたヘンリー六世のイートンコレッジに対する文法学校設立の特許状に記された「公開普通文法学校」(Public and General Grammar School) という校名に由来していると考えられます。「公開」という意味で 'public' が用いられているのは第一の理由によりますが、国王によって認可され、公文書に記された校名としての意義は大きいと考えられるからです。のちに有名になった一流文法学校がパブリックスクールと呼ばれるようになった発端は、イートンの文法学校の呼称にあったともいわれています。[35]

ウィンチェスターやイートンとともに有名なパブリックスクールに挙げられる学校を調べてみる

と、「一般に開放された」「公開の」学校という意味がさらに鮮明に浮き上がってきます。有名なパブリックスクールを設立された順に挙げてみましょう。(36)

一三八二年　ウィンチェスターコレッジ
一四四〇年　イートンコレッジ
一五一〇年　セントポールズスクール
一五五二年　シュールズベリースクール
一五六〇年　ウェストミンスタースクール
一五六一年　マーチャントテイラーズスクール
一五六七年　ラグビースクール
一五七一年　ハロウスクール
一六一一年　チャーターハウス

ウェストミンスタースクールはウェストミンスター大聖堂付属の文法学校として、マーチャントテイラーズスクールはステファン・ジェニングズが設立してマーチャント・テイラーズ・カンパニーに委ねた文法学校として始まりました。

注目すべきは、ハロウスクールとラグビースクールです。ハロウスクールはヨーマン（富裕な独立自営農民層）のジョン・ライアン（John Lyon）によって、ハロウとその周辺地域の下層階級の子弟にまで門戸を開いた庶民の文法学校として設立されました。(37)ラグビースクールもハロウ同様、「ラグビーおよびブラウンスオーバーに住む貧しい四人の子どもに教育を与えるために」穀物商L・シェリフの遺産を基に設立されました。(38)

このように、のちに有名なパブリックスクールとなったハロウやラグビーの創設が、ウィンチェスターやイートンのように聖職者や国王のような公人ではなく、庶民の篤志家によってなされたことは、「一般に開放された」「公開の」学校という意味でまさに「パブリックスクール」の名に値するといえるでしょう。

◇プレパラトリースクール

イギリスの高等教育機関には、一二世紀頃に形成されたと考えられているイングランドのオックスフォード大学とケンブリッジ大学のほかに、その二大学とはまったく無関係に一五世紀にヨーロッパ大陸の大学に倣って創られたスコットランドのセントアンドリュース大学やグラスゴー大学、アバディーン大学があります。

高等教育への予科的教育機関として、パブリックスクールと呼ばれる中等教育を担う学校には、一四世紀後期に創設されたウィンチェスターコレッジ、一五世紀中期に創設されたイートンコレッジ、一六世紀に創設されたウェストミンスタースクールやラグビースクール、ハロウスクール、チャーターハウスなどがあります。

これらの大学やパブリックスクールはいずれも創設当初は私立であり、公立の学校はありませんでした。

このようにイギリスの教育機関を見渡すと、八〇〇年を越える歴史を刻む大学や、六〇〇年の伝統をもつパブリックスクールがあるにもかかわらず、いわゆる初等教育機関は、国教会系あるいは非国教会系のチャリティースクール（charity school）と呼ばれる宗教教育を主とした学校や、デイムスクール（dame school）など民間の家塾的な学校のほかは、ほとんどないに等しい状況でした。これらの初等教育を担う教育機関は、宗派の布教機関としての役割を担っているか、あるいは生計のための民間の家塾的な学校であり、公立の初等教育機関はなにもありませんでした。

この背景には、フランスだけでなくイギリスにおいても「レセ・フェール」（laissez faire）――「自由放任主義」――が商業や工業ばかりでなく教育においても支配的であったことが挙げられます。つまり、教育は私的な事柄に属するものと見做されていたのです。確かに産業革命の進行過程において、都市労働者階級の子弟の教育が問題視された際に、初等教育の公教育化に対して大きな障害の一つになったものに「自由放任主義」があったことは否定できません。しかし、この「自由放任主義」が支配的だったのは一八世紀末から二〇世紀初めにかけてのわずか一〇〇年あまりでした。

「自由放任主義」以上に教育において支配的だったのは、教会の影響力でした。「教会が国民全体を教育する使命をもっているというのが、教会の伝統的な主張であった。ゆえに教会は、全国各地のグラマースクールや、オックスフォードおよびケンブリッジのカレッジなど中等・高等教育のみならず、初等教育にも強い関心をもち、全教育をその支配下におさめていた」[39]といわれています。

ようやく一九世紀に至って産業革命の進行過程において都市労働者階級の子弟の教育が問題視されるようになり、公教育としての一般民衆子弟に対する初等教育が考えられるようになりました。そして、一八七〇年に「フォスター法」(Forster Act) と呼ばれる初等教育法が成立しました。しかしこの法律は、学校委員会による公立学校を認めながらも、宗派経営の私立学校を優先するものでした。[40] しかも初等教育に限られていて、高等教育はもちろん、その高等教育に繋がる中等教育も、依然として宗派経営の私立学校によってなされていました。ようやく中等教育が公教育として制度化されたのは、R・H・トーニー (Richard Henry Tawney) らの主張した「すべてのものに中等教育を」(Secondary Education for All) 運動によって、一九四四年に成立した「バトラー法」(Butler Act) によってでした。

このように、初等教育は少なくとも一八七〇年まで、中等教育は一九四四年まで、事実上きちんとした公教育制度がなく、これらの教育は長い間教会の強い影響下にあったのです。

しかも、これまで便宜上、大学での教育を高等教育、パブリックスクールでの教育を中等教育と呼んできましたが、実はそれは初等教育・中等教育・高等教育という単線型の学校教育の階梯が存在して初めて呼べることなのです。(41) 近世まで制度としての初等・中等教育がなかった時代においては、中等教育としてのパブリックスクール及び高等教育としての大学という認識ではなく、学校教育の本科としての大学とその予科としてのパブリックスクールという認識が一般的でした。ゆえに近世まで、本格的な学校教育はパブリックスクール（＝グラマースクール）から始まると考えられていたのです。

一八二八年から亡くなるまでの約一五年間、ラグビースクールの校長であり、そこでの教育実践がパブリックスクールの改革に大きな影響を及ぼしたといわれるトーマス・アーノルド（Thomas Arnold）は、税関の徴税吏であり郵便局長の子として生まれ、母と叔母（母の妹）から家庭教育を受け、八歳で家から一〇〇kmほど離れたウィルトシャー州ウォーミンスターにあるLord Weymouth's Grammar Schoolに入学、その後ウィンチェスターコレッジに転校し、オックスフォード大学のCorpus Christi Collegeに進学しました。(42)

また、自身ラグビースクールの出身であり、トーマス・アーノルドが校長を務めていた頃の生徒であったトーマス・ヒューズ（Thomas Hughes）が著した自伝的小説『トム・ブラウンの学校時代』（一八五七年）の主人公トム・ブラウンは、地主の長男で、九歳まで住み込みの女性家庭教師（governess）に教えを受けて、その後プライベートスクールで二年間ほど過ごした後、ラグビースクールからオックスフォード大学へ進学したということになっています。(43)

このように、一八七〇年の初等教育法以前においては、本格的な学校教育がパブリックスクール（＝グラマースクール）から始まると考えられており、それ以前の教育は家庭教師やプライベートスクールにおいてなされるのが一般的だったのです。

一八七〇年の初等教育法以後、初等教育の公教育化がなされるようになると、庶民向けの教区小学校や学校委員会立小学校が普及しますが、すでにパブリックスクールやオックスブリッジに進学する子どもたちのための私立小学校がありました。そのような小学校は、パブリックスクールへの入学準備のための学校ということで、「プレパラトリースクール」（preparatory school, 通称「プレップスクール」）と呼ばれました。(44)

前掲したピーター・ミルワードは、ウィンブルドンコレッジからオックスフォード大学に進みましたが、それ以前にウルスラ会の経営する幼稚園で二年間、その後一九三三年に創設されたドンヘッドというプレパラトリースクールに三年間通っていたといいます。(45)

このように、近代以降はプレパラトリースクール↓パブリックスクール↓オックスブリッジという学校教育階梯におけるエリートコースができあがったのです。

幼稚舎が交流しているドラゴンスクール（Dragon School）も一八七七年に創設されたプレパラトリースクールで、私が訪問した一九九六年当時直近の五年間に毎年一〇名以上の児童をイートンコレッジに送り出している、いわゆる進学校です。

そのドラゴンスクールの当時の校長だったロジャー・トラフォード氏が語った、「われわれは、教育税を払っているほかに高い授業料を払ってまで本校に子弟を学ばせている保護者に対して、そしてその子弟に対して、その高い授業料に見合うだけの教育を提供しなければならない。」という言葉は、プレパラトリースクールの存在意義を如実に表しています。

◇おわりに

学寮としてのコレッジとチューター制度、中等教育のコレッジとパブリックスクールを概観して気づいたことは、いずれの組織も規模が小さいことを基本にしているということです。オックスブリッジのコレッジ制とそこでのチューター制度は、まさに小規模の為せる業であり、パブリックスクールのハウス制度も同様です。

「規模」に関して、ドイツ生まれのイギリスの経済学者E・F・シューマッハー（Ernst Friedrich Schumacher）が著した『スモール・イズ・ビューティフル――人間中心の経済学』（Small is Beautyful, A Study of Economics as if People Mattered, 1973）は、非常に示唆に富んでいます。その中でシューマッハーは、「どんな活動にも、それにふさわしい規模というものがある」。(46)「ものごとを建設的に成しとげるためには、つねにある種のバランスを取り戻すことが何よりも必要である。

今日、人びとはほとんど例外なく、巨大信仰という病にかかっている。したがって、必要に応じて、小さいことのすばらしさを強調しなければならない。」[47]と述べて、現代文明の根底にある物質至上主義と科学技術の巨大信仰を痛撃して、「規模」の問題の重要性を強調しています。

さらに、E・F・シューマッハー協会事務局長として活躍しているカークパトリック・セール（Kirkpatrick Sale）は、『ヒューマン・スケール――巨大国家の崩壊と再生の道』（Human Scale, 1980）において、シューマッハーの主張をさらに具体的に詳しく論述しています。この著書は、「E・F・シューマッハーの『スモール・イズ・ビューティフル』に賛同する世界のすべての人々にとってバイブルともいうべき存在になっている」[48]といいます。「ヒューマン・スケール」とは、元来、建築用語であり、建物を利用する人々と関連して、建物の構成要素について述べる際に用いられる概念です。つまり、人間を尺度に考えた思想です。洋の東西を問わず、家造りは人間の身体の大きさを基にしているし、長さを測る単位も手や腕、足など人間の身体の一部を基にして考えられています。[49]

セールはその著書において、都市や産業、組織、制度などが抱えている諸問題は、「ヒューマン・スケール」の概念を忘れて巨大になりすぎたゆえに起こったことであると指摘しています。

教育についても論及して、都市の大規模校における問題点を指摘しながら、小学校や中学校ばかりでなく高等教育機関においてすら、「規模を小さくすれば、最もすぐれた働きをするであろう」[50]と述べています。

中世に形成された学寮としてのコレッジや、イートンやハロウ、ラグビーなどのパブリックスクールはみな小規模であったし、のちにコレッジやハウスの数が増えて規模が大きくなっても、規模が小さかったころの少人数による教育形態――すなわち学寮制やハウス制、チューター制――を厳守することによって小規模な教育体制の維持に努めました。

聖職者を養成する修道院も、職人を育成する職人親方の同業組合も、どちらもコレッジと呼ばれた組織ですが、いずれの組織もわずかな修道士や徒弟しか採らずに少人数教育を行っていました。というよりむしろ、少人数でしか教育できなかったのです。少人数だからこそ教育が可能だったのです。先達の聖職者が神学を教え、親方が技術を伝授していく教育法は、「人を人にする」あるいは「人が人によって人になる」という教育法であり、それは少人数だからこそ可能な教育だったのです。

中世に形成された最初の大学は、非常に小さく、学生数は通常五百人から一千人で、中には、わずか百人前後の大学もあった。しかし、古典教育を復活させ、数百年間にわたって、ほとんど独力で西洋文明を育てていったのは、他ならぬこの小規模の教育機関であった。(51)

大学の学者の関心事は、自分たちが作り出している共同体的性格（コミュナリティー）、思想や知識を発達させ、交換し伝達することができる共同体的枠組みであったし、そのためには控え目な規模の人口が必要であると、彼らは認識していた。(52)

中世の学寮としてのコレッジやその予科的教育機関のパブリックスクールにおいては、共同体的性格を維持するためにあまり大きくない、適度な規模が保たれていたのです。

イギリスの生物学者J・B・S・ホールデン（John Burdon Sanderson Haldane）は、その研究を動物に限定していますが、より幅の広い結論――すなわち人間の研究にとって重要な意味を含んでいる結論――をも提示しています。ホールデンは'On Being the Right Size'（1927）において、「あらゆる動物にそれぞれ適正のサイズというものがあるのと同様に、人間がつくるすべての制度や組織にも適正なサイズがあるはずである。」(53)と述べています。

学校や学級の適正な規模――すなわち校舎や教室の大きさや広さ、全校の児童・生徒数や学級の児童・生徒数、学習時の児童・生徒数（学習サイズ）、さらに学習の量や速度の適正な規模――について、子どもに合わせた「ヒューマン・スケール」を基本として真剣に検討すべきではないでしょうか。

人間というものは、小さな、理解の届く集団の中でこそ人間でありうるのである。(54)

＊本稿は、初出「コレッジ・パブリックスクール考――イギリス学校訪問から帰って――」（『幼稚舎シンフォニー'96』、（一九九六年一二月一五日）所収）に加筆修正し、改題したものです。

〈注〉

（1）ピーター・ミルワード、安西徹雄訳、『イギリスの学校生活』、新潮社、一九七九年、P.91参照。

（2）旺文社、『英和中辞典』、一九七五年、P.395。

（3）研究社、『羅和辞典』、一九六六年、P.123。

（4）研究社、『新英和大辞典』、一九八〇年、P.419。

（5）新村　出編、『広辞苑』、岩波書店、一九八三年、P.1137。

＊修道院は、「六世紀初めのイタリアのベネディクトゥスが建設したのに始まる」そうです。

（6）安東伸介ほか編、『イギリスの生活と文化事典』、研究社出版、一九八二年、P.455。

（7）前掲『イギリスの生活と文化事典』、P.456。

＊「フェロー（fellow）」は「研究員」のことで、オールソウルズコレッジは研究員のみのコレッジで、学生はいないということです。

（8）仲　新監修、『学校の歴史』、第一法規、一九七九年、四巻 P.294。

（9）Philippe Ariès, "L'enfant et la vie familiale sous l'ancian régime." 1960. フィリップ・アリエス、杉山光信・杉山恵美子訳、『〈子供〉の誕生――アンシャン・レジーム期の子供と家庭生活』、みすず書房、一九八〇年、P.134。

⑽　前掲『〈子供の〉誕生』、P.152。

⑾　のちに一六世紀～一七世紀には、ソルボンヌはパリ大学全体の通称となりました。前掲『学校の歴史』、四巻 P.294。

⑿　梅根　悟監修、『世界教育史大系』、講談社、一九七五年、二四巻 P.24。

(13) 前掲『〈子供〉の誕生』、P.158〜159。
(14) 前掲『イギリスの生活と文化事典』、P.458。
(15) 前掲『イギリスの学校生活』、P.15。
(16) 前掲『世界教育史大系』、二四巻 P.26。
(17) 三省堂、『クラウン独和辞典』、一九九一年、P.1170。
＊ドイツ語‘seminar’の語源であるラテン語‘*sēminārium*’〔*sēmen*種子＋*ārium*場所〕は「苗床」という意味です。‘seminar’はまさに聖職者を育てる苗床だったのです。
(18) 小学館、『ロベール仏和辞典』、一九八八年、P.495〜496。
(19) 前掲『イギリスの生活と文化事典』、P.458。
(20) 前掲『イギリスの生活と文化事典』、P.458。
(21) 前掲『イギリスの学校生活』、P.114。
(22) 前掲『イギリスの学校生活』、P.92。
(23) 前掲『イギリスの生活と文化事典』、P.465。
(24) 小池　滋、『英国流立身出世と教育』、岩波新書234、一九九二年、P.22。
＊「グランドツアー」については、本城靖久、『グランドツアー――良き時代の良き旅』、中公新書688、一九八三年、および岡本温司、『グランドツアー――18世紀イタリアへの旅』、岩波新書1267、二〇一〇年に詳しく記述されています。
(25) 前掲『世界教育史大系』二四巻、P.25。
(26) 前掲『世界教育史大系』二四巻、P.28。

(27) 前掲『イギリスの生活と文化事典』、P.458。
(28) 前掲『世界教育史大系』二四巻、P.29。
(29) 前掲『世界教育史大系』二四巻、P.30。
(30) 前掲『世界教育史大系』二四巻、P.31。前掲『イギリスの生活と文化事典』、P.472。
(31) 前掲『英和中辞典』、P.1457。
(32) 前掲『英和中辞典』、P.1456。
(33) 前掲『英和中辞典』、P.1457。
(34) 前掲『英和中辞典』、P.1456。
(35) 前掲『世界教育史大系』二四巻、P.30。
(36) 空本和助、『イギリス教育制度の研究』、御茶ノ水書房、一九六九年、P.79。
(37) 前掲『世界教育史大系』二四巻、P.49～53及びP.63。前掲『世界教育史大系』四〇巻、P.314。
(38) 前掲『世界教育史大系』二四巻、P.53及びP.63。前掲『世界教育史大系』四〇巻、P.398。
(39) 前掲『イギリスの教育制度の研究』、P.37。
(40) 前掲『イギリスの教育制度の研究』、P.145。
(41) 前掲『世界教育史大系』二四巻、P.5～8。
(42) 三笠乙彦ほか編、『現代に生きる教育思想』、ぎょうせい、一九八二年、二巻 P.223～224。
(43) トーマス・ヒューズ、時野谷貞訳、『トム・ブラウンの学校時代』、『世界教育名著叢書』七巻所収、文教書院、一九二四年、P.287～491。
(44) アメリカ合衆国では、プレップスクールは大学進学のための私立高等学校を指します。前掲『英和中辞典』、

P.1426。

⑷5) 前掲『イギリスの学校生活』、P.15~17。

⑷6) Ernst Friedrich Schumacher, "Small is Beautful", 1973. エルンスト・フリードリッヒ・シューマッハー、小島慶三・坂井　懋訳、『スモール・イズ・ビューティフル』、講談社、一九八六年、P.86。

⑷7) 前掲『スモール・イズ・ビューティフル』、P.85。

⑷8) Kirkpatrick Sale, "Human Scale.", 1980. カークパトリック・セール、里深文彦訳、『ヒューマン・スケール』、講談社、一九八七年、P.460。

⑷9) 身体尺の例として、日本では親指の幅を「寸《すん》」、手を握ったときの人差指から小指までの幅を「束《つか》」、ヨーロッパでは男性の親指（爪の付け根部分）の幅に由来する"inch《インチ》"、足の大きさに由来する"feet《フィート》"などがあります。

⑸0) 前掲『ヒューマン・スケール』、P.441。

⑸1) 前掲『ヒューマン・スケール』、P.441。

⑸2) 前掲『ヒューマン・スケール』、P.442。

⑸3) John Burdon Sanderson Haldane, "On Being the Right Size and other essays.", edited by John Maynard Smith, Oxford University Press, 1985. P.7.

⑸4) 前掲『スモール・イズ・ビューティフル』、P.97。

第二部
「幼稚舎新聞」編
（1）

1　心と思いをかたちに

一昨年（二〇一一年）の三月十一日午後二時四六分に発生した大地震は、想像をはるかに超える巨大な津波を引き起こし、多くの尊い生命を奪いました。あの日から二年、被災された人々の心は今も癒えることがないのでしょう。

震災後、テレビではコマーシャルの代わりに、公共広告機構によるいくつかの詩が放映されました。

その中に、

「こころ」はだれにも見えないけれど
「こころづかい」は見える
「思い」は見えないけれど
「思いやり」はだれにでも見える

という詩がありました。覚えている人もいるのではないでしょうか。

この詩に接したときの衝撃は、今でも覚えています。心に深く響いたからです。さっそくメモを取りました。詩のあとの「宮澤章二〈行為の意味〉より」を頼りに検索してみました。

高校教師を勤め、作詞家となった宮澤章二さんの『行為の意味――青春前期のきみたちに――』（ごま書房、二〇一〇年）に収められている詩の一節であることがわかりました。

行為の意味

――あなたの〈こころ〉はどんな形ですか
と　ひとに聞かれても答えようがない
自分にも他人にも〈こころ〉は見えない
けれど　ほんとうに見えないのであろうか
確かに〈こころ〉はだれにも見えない
けれど〈こころづかい〉は見えるのだ
それは　人に対する積極的な行為だから
同じように胸の中の〈思い〉は見えない

けれど〈思いやり〉はだれにでも見える
それも人に対する積極的な行為なのだから
あたたかい心が　あたたかい行為になり
やさしい思いが　やさしい行為になるとき
〈心〉も〈思い〉も　初めて美しく生きる
――それは　人が人として生きることだ

これから広い天地の下で豊かな春秋を迎えるであろう幼稚舎生には、「あたたかい心」と「やさしい思い」を育み、その〈心〉と〈思い〉を体現できる人になってほしいと願っています。

〔第２０８９号：二〇一三年三月一八日〕

2 「辛」と「幸」

三学期の終業式を迎えました。今日は三学期最後の日であるとともに、今の学年の最後の日でもあります。学校の暦では大晦日にあたります。振り返ってみて、どのような一年だったでしょうか。

知らなかった漢字の読み書きができるようになったり、掛け算の九九がすらすら言えるようになったり、泳ぎが上手になったり、縄跳びがうまく跳べるようになったり…と、嬉しい思いが人それぞれにあることでしょう。

反対に、漢字の読み書きがなかなか覚えられなかったり、掛け算の九九がつかえてしまったり、水泳のタイムが伸びなかったり、縄跳びがなかなか合格しなかったり…と、苦労した人もいたかもしれません。誰しもすべて順風満帆とはいかないものです。

しかし、辛く、苦労した分だけ、喜びや達成感を強く感じるものです。これもきっと誰もが経験しているのではないでしょうか。そうした経験は、これからみなさんが成長していく上で、大きな支えになっていきます。

四月から始まる次の学年が待ち遠しいことでしょう。期待がある一方で、不安もあることでしょう。学年が上がれば、おのずと学習内容も難しくなります。学習の「ハードル」が高くなるということです。ですから、いままでと同じように過ごしていてはうまくいかないこともあるでしょう。

そうした新たな「ハードル」に直面したとき、どうしたらよいでしょう。逃げないことです。逃げても解決しません。成長もしません。越えられるよう努力することです。越えられるまで努力することです。努力しても、なかなか越えられないこともあるでしょう。でも、諦めてはいけません。越える前に諦めたら、それまでの努力が無駄になってしまいます。辛くても、粘り強く取り組むことが肝心です。「つらい」と「しあわせ」を漢字で書くと、「辛い」と「幸せ」です。成り立ちはちがいますが、「辛」は上部に一本横棒をたせば「幸」になることから、詩人の星野富弘さんは「もう少しで幸せになれそうな字」と詠《うた》っています。辛いこと、苦しいことは誰も好んで経験したいとは思わないでしょう。でも、人は「辛」から成長させられることが多いのではないでしょうか。そう考えると、「辛」もあながち捨てたものではありません。

〔第2127号：二〇一四年三月一九日〕

3　麻中の学び舎に

　二〇〇七年四月から七年間舎長を務めてこられた加藤三明先生が三月末日でその任を退かれました。代わって幼稚舎長の任を私が引き継ぐことになりました。

　幼稚舎は一八七四年（明治七年）に創立され、今年で一四〇年目を迎える、日本でもっとも古い小学校の一つです。そして、これまで多くの立派な卒業生を輩出し、いまでも多くの子どもたちが入学を希望する学校です。その幼稚舎を、歴史と伝統を受け継ぎつつ、さらに教育内容が充実した学校にしていきたいと思います。

　そこで、幼稚舎生に心掛けてほしいことは、入学式の席上で、その当時の舎長先生と交わした約束です。

一、嘘《うそ》をつかない。
二、お父さん、お母さん、先生の言うことをきく。
三、自分のことは自分でする。
四、友だちと仲良くする。

　新入生だけでなく、二年生以上の幼稚舎生も、もう一度この約束を思い出してほしいと思います。なかでも、友だちと仲良くするにはどうしたらよいか、考えてください。

「自尊」とは『広辞苑』によれば「自重して自らの品位を保つこと」ですが、同時に「他尊」をも含むものです。すなわち、他の人を尊重するということです。一人ひとり性格や考え方の違う人間が仲良くすることは、「言うは易く行うは難し」です。どうしたら友だちと仲良くできるのでしょうか。しかも、「同じて和せず」ではいけません。「和して同ぜず」を行うことは簡単ではありませんが、ぜひ求めて続けてほしいと思います。そして、この四つの約束を守り、実行していくことが、幼稚舎生にとっての「独立自尊」ではないかと考えます。

儒教の開祖・孔子の系譜にある荀子のことばに「蓬《よもぎ》も麻《ま》中《ちゅう》に生《しょう》ずれば扶《たす》けずして直《なお》し」がありま す。意訳すれば、「茎《くき》が曲がりくねって生える蓬も、ピュッとまっすぐに立つ麻の中に生えれば、扶けがなくとも自ずとまっすぐになる」という意味です。

これから先生や職員の方々の協力を得て、幼稚舎生一人ひとりが「独立自尊」の人をめざして育っていけるような「麻中」の幼稚舎であるよう努めていきたいと思います。

〔第2128号：二〇一四年四月八日〕

4　失敗は成功のもと

「失敗は成功のもと」ということばを知っているでしょう。では、その意味はどうでしょう。失敗することが成功することなのでしょうか。失敗は失敗であり、成功ではありません。

辞書で意味を調べてみると、「失敗してもその原因を追究したり、欠点を反省して改善したりしていくことで、かえって成功に近づくことができるということ。」と書いてあります。

失敗したことをそのまま放っておいたり、反省して改善したりすることがなければ、成功には繋《つな》がらないということです。

例えば、漢字のテストで何度も同じ漢字を間違える人がいます。どこをどう間違えているのかを見つけて、正しい字形に直さなければ、また同じ間違いをするでしょう。算数でも、計算を間違える人にはある特定の数字同士のたし算やひき算を間違えるという共通点があります。また、かけ算でもある段の特定の数字同士のかけ算を間違える傾向が見られます。間違えの原因を見つけ出して修正しないと、また同じ間違えを繰り返すことになりかねません。

失敗を成功に繋げられるように、失敗を上手に活かして実り多い二学期にしてほしいと思います。

〔第２１８０号：二〇一五年九月九日〕

5　粘り強く取り組もう

年頭にあたり、「不可能」について考えてみましょう。「不可能」とはどういう意味でしょう。字のごとく、「可能」に否定の「不」がついているので、「可能でない」ということでしょう。「不可能」を『大辞林』（三省堂）で調べると、

【不可能】可能でないこと。できないこと。また、そのさま。⇕可能。「実現は—だ」「—な計画」「—に挑戦する」

と載っています。

では、「不可能」は本当に「できないこと」なのでしょうか。さらに、誰が「不可能」と決めているのでしょうか。「不可能」といわれていたことを「可能」にした例を一つ紹介しましょう。

一昨年（二〇一四年）の一〇月七日、スウェーデンのストックホルムからビッグニュースが届きまし

た。それは、二〇一四年のノーベル物理学賞に赤崎《あかさき》勇《いさむ》博士、天野《あまの》浩《ひろし》博士、中村修二《しゅうじ》博士の三人の日本人研究者が選ばれたというものです。受賞理由は、「青色発光ダイオードの開発」によるものでした。

赤色発光ダイオードや黄色発光ダイオードはすでに開発されていましたが、青色発光ダイオードの開発は難しく、世界の研究者の中では「二〇世紀中には不可能」といわれていたそうです。そうした中で、日本人研究者が開発に成功し、さらに実用化することができました。いずれも二〇世紀中のことで、世界を驚かせました。

科学の世界で「不可能」といわれていたことでも「可能」になるほどですから、成長・発達の過程にある幼稚舎生にとっては、今は不可能でも、将来、可能になることはたくさんあると思います。月日を経て身体が大きくなれば、あるいは練習、努力すれば、できなかったことができるようになることは少なくないでしょう。

「苦手」とか「不可能」と決めているのは、誰かではなく、自分です。何もせずにできるようにはなりません。

今年は、「何もせずに結果を求める自分」から、「練習、努力して不可能を可能にする自分」になろうという目標を掲げて、挑戦してほしいと思います。自分の殻を破って、今年の大晦日を迎える頃までに新たな「自分」に成長していることを願っています。

〔第2193号：二〇一六年一月一三日〕

6 「聴《き》く」は学びの第一歩

漢字は、五世紀よりも前に、朝鮮半島を通って日本に伝わったといわれます。その頃、漢字には中国での読み方しかなく、漢文(中国語の文)を書くときにだけ使われていたと思われます。

しかし、そのうち、漢字に日本語の意味をあてはめて、日本語を読み書きする工夫がされるようになり、漢字は日本の文字になっていきました。ですから、多くの漢字には音読みと訓読みの二種類の読み方があります。

音読みとは、漢字がむかし中国から伝わってきたときの発音から変化してできた読み方です。訓読みは、漢字に同じ意味の日本語(和語)をあてはめて読んだ読み方です。

「水」には「スイ」という音読みと「みず」という訓読みがありますが、「信」には「シン」という音読みしかなく、「畑」には「はた・はたけ」という訓読みしかありません。

また、同じ音読みや訓読みでも、意味によって表記する漢字に違いがあります。

例えば、「あける」には「明ける」「空ける」「開ける」があります。辞書には次のように載っています。

【明ける】見えるようにする。一定の期間がすぎる。「目を明ける」「夜が明ける」「梅雨《つゆ》が明ける」

【空ける】隙間《すきま》やあきをつくる。「家を空ける」「時間を空ける」「席を空ける」

【開ける】とじていたものをひらく。「店を開ける」「窓を開ける」「ふたを開ける」

「きく」にも、「聞く」「聴く」があります。二つの「きく」にはどのような違いがあるのでしょう。

辞書には、

【聞く】音や声が自然にきこえてくる。「物音を聞く」「話し声を聞く」「うわさを聞く」「聞くにたえない」

【聴く】自分のほうから身を入れてきく。「音楽を聴く」「国民の声を聴く」

と載っています。

「聞く」と「聴く」との違いは、きく側の姿勢や態度にあるといえます。言い換えれば、きく人にきく意思があるかどうかです。ですから、「きこえる」を「聞こえる」とは書いても、「聴こえる」とは書きません。

授業における先生の話も、ただ耳に「聞こえてくる」のと、学ぼうとする積極的な「聴く」では、結果に大きな開きが生ずるでしょう。

「聴く」ことは学びの第一歩です。

〔第2203号：二〇一六年四月八日〕

7 「生《き》」の心で取り組もう

中国から、あるいは朝鮮半島を経由して日本に伝わった漢字に、古代の日本人は同じ意味をもつ「大和《やまと》言葉」（和語ともいう）を当てました。訓読みがそれです。例えば、「サン」と音読する「山」に「やま」という大和言葉を当てました。

名詞の訓読みが一つであることが多いのに対して、動詞や形容詞には複数の訓読みがあります。

例えば、「生」には「いきる・いかす・いける・うまれる・うむ・おう・はえる・はやす・き・なま」と十もの訓読みがあります。

しかも、「生」が接頭語として使われるとき、読み方によって意味が異なります。

「き」と読めば、①純粋で、混《ま》ざり気《け》のない ②人工を加えていない、という意味です。熟語には「生粋《きっすい》」「生一本《きいっぽん》」「生真面目《きまじめ》」「生糸《きいと》」「生地《きじ》」などがあります。

「なま」と訓ずれば、①充分でない様子　②手を加えてない様子　③じかに行うこと　④生ビールのこと　⑤はんぱではっきりしない様子、という意味です。「生煮《なまに》え」「生乾《なまがわ》き」「生水《なまみず》」「生演奏」「生返事」などの語があります。

　おおまかに分類すると、「き」は良い意味で使われ、「なま」はあまり良くない、あるいは悪い意味で使われるようです。

　きっと、人は「生《き》」の自分で己を育み、育てることによって、「生《なま》」の自分を磨き、鍛えていくのでしょう。

「生《き》」の心で取り組み、実り多き二学期にしてほしいと願っています。

〔第2217号：二〇一六年九月八日〕

8　規範や品格を高める

平成二九（二〇一七）年酉年《とりどし》を迎え、この一年をどのように過ごそうかと気持ちを新たにして目標を掲げた人もいることでしょう。

一二月三一日と一月一日は普段の前日と翌日とは異なるという意識を持てるか否《いな》かで、まったく違った一年の始まりとなるでしょう。そこで年の始まりにあたって、以下の文を認《したた》めました。

私たちは、生きていく上で、人とのかかわりを持たずに過ごすことはできません。人はこの世に生を享《う》けると、父母をはじめとする家族とかかわりながら成長します。その過程で自然とことばを覚え、様々な生活や文化の様式を身につけていきます。

幼稚園や保育園に入ってはじめて家族以外の人々とかかわりを持ち、集団の中で生活することによって、

「してはいけないこと」

「言ってはいけないこと」

を教えられたり、経験したりして学んでいきます。


学校に通うようになると、さらに多くの人々とかかわりながら生活することによって、一層自分の心の中に規範を築いていきます。


「してはいけないこと」や「言ってはいけないこと」だけでなく、

「しなければならないこと」

「したほうが良いこと」

「しないほうが良いこと」

を考え、経験し、自己の戒《いまし》めとして取り込んでいきます。


それがその人の規範となり、品格となります。そしてその規範や品格は、ことばや行動に現れます。ですから、どのような規範や品格を身につけるかは人としてとても大切な部分になります。


「気品の泉源、智徳の模範」

という福澤先生の訓辞を自分の規範の底辺に据えて、幼いながらも慶應義塾に学ぶ塾生の一人として幼稚舎生活を送ってほしいと願っています。

〔第2230号：二〇一七年一月一一日〕

9 「オブザベーション」と「リーズニング」

新たな学年を実りあるものとするためには、なにが必要でしょうか。ここでは、明治七年に発刊された『學問のすゝめ』第十二編の中で福澤先生が指摘された二つのことばを挙げたいと思います。

「故《ゆえ》に學問の本趣意は讀《どく》書のみに非《あら》ずして精神の働に在り。此《この》働を活用して實地《じっち》に施《ほどこ》すには様々の工夫なかる可《べか》らず。「ヲブセルウェーション」とは事物を視察することなり。「リーゾニング」とは事物の道理を推究して自分の説を付ることなり。」(『福澤諭吉全集』第三巻)

これを現代語訳すると、

「思うに、学問の真《しん》の本質は、ただ読書だけにあるのではなく、精神の働きにあるのである。精神の働きを生き生きと現実生活に活用するには、様々の工夫がなくてはならない。〈オブザベーション〉とは物事を観察することであり、〈リーズニング〉とは物事の道理を推測して、自分の考えをつくることである。」となりましょう。

英和辞典で調べてみると、「オブザベーション」(observation)は「観察」、「リーズニング」(reasoning)は「推理、推論、議論の進め方」という意味です。易しく言えば、「オブザベーション」は「よく見ること」、「リーズニング」は「筋道立てて考えること」です。

福澤先生がこの二つのことばを挙げたのには、理由があります。

江戸時代までの学問といえば、漢字ばかりで書かれた『論語』や『孟子』といった漢学や、『古事記』や『日本書紀』、頼山陽《らいさんよう》の著した日本の歴史書である『日本外史』などの国学を学ぶことでした。

しかし、これらの書物をいくら学んでも、数学や物理学は身につかず、従って蒸気機関を発明することはできないし、蒸気機関車や蒸気船を造ることもできません。古典や歴史ではなく、数学や物理学などの自然科学の勉強が必要です。そして数学や物理学を勉強することによって身につくのが「よく見ること」（オブザベーション）と「筋道立てて考えること」（リーズニング）です。

幼稚舎生が日々勉強する上でも、オブザベーションとリーズニングはとても大切です。わけもわからず、ただ丸暗記したことは、すぐ忘れます。積み重ねもできません。ですから、新たな学習にも役立ちません。

「よく見て」「筋道立てて考える」ことが、新たな学習の理解を助け、確かな学力を身につける一助となります。

〔第2240号：二〇一七年四月八日〕

10　習ったら慣れよ

新たな学習において、教えられて、学べば、その学習内容が身につくでしょうか。

例を挙げてみましょう。仕組みと仕方を習った計算がすぐできるでしょうか。筆順や意味、使用例などを習った新出漢字がすぐ書けて使えるでしょうか。泳法を習えば上手に泳げるでしょうか。吹き方や指使いを習えばハーモニカやリコーダーで曲が吹けるでしょうか。跳び方のコツを教われば縄跳びが跳べるでしょうか。

答えは、いずれも「否《いな》」でしょう。残念ながら、何事も習ったからといって、すぐできるようにはなりません。何度もくり返して練習することが欠かせません。

数学界のノーベル賞といわれるフィールズ賞を日本人として初めて受賞した小平邦彦先生は、著書

『怠け数学者の記』で次のように述べています。

「理屈抜きの機械的な訓練が、初等教育の最も重要な部分を占めているのではなかろうか？　…創意を生かして楽しく学ばせることに重点を置くあまり、基本的な機械的訓練をないがしろにする傾きがあるのではなかろうか？　音楽にせよ、絵画にせよ、すべて技術といわれるものを修得するには機械的訓練が不可欠である。

一般に数学は厳密に論理によって構成された学問であって、論理と同じではないとしても大体同じようなものである、と思われているが、私の見る所では、数学は高度に感覚的技術的な学問であって、数学を修得するには技術的な訓練が不可欠である。…数学における技術で基本的なのは計算の技術であって、その基礎となるのが小学校の算数で学ぶ数の計算である。

数の計算を教えるにはその原理を理解させなければならないが、技術というものは不思議で、原理を理解しただけでは駄目である。…計算が自由に出来るようにするには、同じような計算問題を繰返しやらせる機械的技術的な訓練が不可欠である。小学校の算数で最も重要なのはこの計算の練習である。」

教わり、習い、学んだら、自分の頭と手を使って何度もくり返して練習することが大切です。

「習ったら慣れよ」です。

〔第２２５４号：二〇一七年九月八日〕

11　気持ちを上手に切り替えて

平成三〇（二〇一八）年戌年《いぬどし》を迎え、この一年の目標を掲げた人もいることでしょう。

昨年の一二月二〇日の終業式では、日々の生活で心掛けてほしい「無財の七施《しちせ》」についてお話ししました。それとは別に、授業に臨むにあたって、以下の文を認めました。

学校には時間割があり、区切りの合図としてチャイムが鳴ります。時計だと見なければ時刻がわかりませんが、チャイムは音で知らせてくれますからとても便利です。

でも、気をつけなければならないことがあります。例えば、一時限目の終わりのチャイムは、一〇分休みの始まりの合図でもあります。次に鳴る一〇分休みの終わりのチャイムは、二時限目の始まりのチャイムでもあります。ということは、グラウンドや遊園地でチャイムが鳴るまで遊んでいて、チャイムが鳴ってから遊びをやめて教室に向かうとどうしても二時限目の授業の始まりに間に合いません。どうしたらよいかは自ずとわかるでしょう。しかもあわてて走って教室に帰るため、気持ちも身体もすぐに授業に臨める状態とは言えません。

気持ちを切り替えて、授業に臨んで学ぼうという気持ちにならないと、授業で教わる内容が目にも耳にも入らないということになりかねません。学べるものも学べないということです。

『三国志』で有名な諸葛亮・孔明は『誡子書《かいし》』（子ヲ誡《いまし》ムル書）において、「學《がく》は須《すべから》く静《せい》なるべきなり」と言っています。すなわち、「学問は心を静めて澄《す》みわたった状態ですべきである」ということです。

何事も、学ぼうと思えば心が落ち着いていなければなりません。さらに、学力は、身につけさせてもらうものではなく、自ら獲得するものです。皆さんはすでに縄跳びや水泳などの運動を通して、「自ら獲得する」体験をしています。国語や算数などの学習においても同様です。

何事も、自ら獲得しようと思えば、心が真剣で集中していなければなりません。

しかし、真剣な集中力は長く続けられるものではないでしょう。ゆえに、気を緩《ゆる》めたり、気分転換を図ったりする必要があります。

心や気持ちのスイッチを上手に切り替えて、良い心の状態で授業に臨《のぞ》めるよう心掛けましょう。

〔第2268号：二〇一八年一月一七日〕

第三部「幼稚舎新聞」編（2）

1　思いやる気持ち

転んで手や足を擦《す》りむき、血が滲《にじ》んで痛い思いをしたという経験は、誰にもあるでしょう。ですから、転んで擦りむいた傷口から血が出ているのを見ると、自分でなくても、（あーっ、痛そう！）と思ってしまいます。これが、「人を思いやる気持ち」です。自分がした経験から、その痛みが想像されて、その人の心が動いたのです。人は皆、共感する心を持っています。

運動会の徒競走で勝って喜んでいる姿を見ると、（嬉しいだろうなぁ。）と感じますし、負けてがっかりしている姿や目に涙を溜めている人を見れば、（悔しいだろうなぁ。）（悲しいだろうなぁ。）と思います。その人たちの気持ちや思いが様子から伝わってくるからです。それが、「人を思いやる気持ち」です。

人は、まったく同じことを経験していなくても、似たような経験を通して、想像することができ、人の気持ちを思いやることができます。遊び仲間に入れてもらえなければ寂しいし、いじわるをされたり、悪く言われたりすれば悲しいし、持ち物を隠されればいやな気持ちになります。誰でもそうです。「人を思いやる気持ち」があればわかることです。

かつて地下鉄の駅の構内に「されたくないことしないこと」という標語のポスターが貼られていました。「自分が人からされていやなことは誰でもいやですから、自分も人にしない」ということです。

皆さんには、自分のことだけでなく、人の気持ちを思いやれる人になってほしいと願っています。

〔第２１３４号：二〇一四年五月二八日〕

2　慣《な》れても狎《な》れず

「慣れても狎れず」ということばがあります。「慣れる」も「狎れる」も、どちらも「なれる」ということばですが、意味が違います。「慣れる」は「早起きに慣れる」、「お箸《はし》の使い方に慣れる」などと使い、「なじむ」という意味です。良い意味で使われます。

「狎れる」は「親しみすぎて礼儀に欠ける」という意味で、良くない意味で使われます。

ですから、「慣れても狎れず」とは「親しみ、なじんでも、いいかげんになったり、礼儀を欠いたりしてはいけません」ということです。

一つ、例を挙げてみましょう。朝礼や朝の歌、朝の体操のためにグラウンドに並びます。幼稚舎生は並ぶことに「慣れ」ているのできれいに整列できるはずですが、ややもすると、その場に居るだけで整列しているとは言えないことがあります。これはどうしたことでしょう。それは、良い意味の「慣れ」が悪い意味の「狎れ」になってしまっているからです。親しみ、なじむことは良いことですが、いいかげんになってはいけません。「狎れ」は、油断や失敗につながります。

他にも、授業中や登下校中に「狎れ」の心が生じていないでしょうか。心に「狎れ」が生じると、自ずと態度にも表れます。そうしたときは、自ら戒《いまし》め、自正さなければなりません。

人間は月日が経つと、仕事や生活に慣れるものですが、その「慣れ」に甘んじていると、「狎れ」が生じやすくなります。子どもだけでなく、おとなも、「慣れても狎れず」を心に留めたいものです。

〔第2137号：二〇一四年六月一八日〕

3　睡眠の効用

小学生時代の六年間は心も身体も大きく成長する時期です。身長でみると、入学した頃は一二〇cmほどだったのに、卒業する頃になると標準で一五〇cmほどになり、なかには一六〇cmを超える人もいます。六年間で三〇cmから四〇cmも伸びます。体重も二倍近くになります。まさに成長期です。その成長期に必要なのが、「食事と排泄」「睡眠」「運動」の三つです。どれも大切ですが、ここでは睡眠について考えてみましょう。

「寝る子は育つ」といわれます。皆さんは、夜何時に寝て、朝何時に起きますか。夜八時に寝て、朝六時に起きる人の睡眠時間は一〇時間です。睡眠時間が足りないと、眠くて頭がボーッとして、スッキリしないことがあります。

最近の睡眠の研究によると、睡眠によって頭がスッキリする仕組みがだんだん明らかになってきました。睡眠には、脳の中のごみ（老廃物）を掃除する効果があるそうです。脳の中の隙間を流れる液体が毒性のごみを取り除いていますが、脳の隙間は、起きているときより、寝ているときの方が一・五倍以上広くなっているのだそうです。そのため、寝ているときは、起きているときよりも液体が二倍も速く流れて、脳の中の毒性のごみを取り除きやすくなっているのです。脳の中の毒性のごみが少ないほど、頭はスッキリするわけです。

このように、睡眠は身体の成長のためばかりでなく、脳を活発にするためにも欠かせないものです。早寝を心がけ、しっかり睡眠時間をとりましょう。

〔第２１３８号：二〇一四年六月二五日〕

4　読書のすすめ

今年も六月一七日、一八日の二日間、小体育館に約九千冊の児童書や辞典が並びました。注文した本が届き、もう読み始めた人もいることでしょう。

学年によって読める漢字の量に差はあっても、幼稚舎生はだれでも本を読むことができます。物語の好きな人もいれば、伝記やノンフィクション、ドキュメンタリー分野の作品をよく読む人もいるでしょう。

本は、文字が読めなければ書かれている内容がわからず、インクで文字が印刷された紙の束でしかありません。また、文字が読めても読まなければ、本はやはり紙の束でしかなく、役に立ちません。文字が読め、本を読むことができ、読み進めれば、そこに書かれている本の世界に入ることができます。

本は、いつでも、どこでも、何度でも読むことができます。テレビや映画と違って、想像しながら読む楽しさが味わえます。本には想像しながら楽しめる世界が秘められているのです。さらに、お気に入りの本を何度も読み返したことのある人もいるでしょう。きっと読み返すたびに新たな想像が湧き、以前に読んだときとは違った発見をしたのではありませんか。新鮮な楽しさや喜びを感じたことでしょう。

最近は電子書籍で本が読めるようになり、電車の中でも利用している人を見かけます。でも私は、手に持った感触や読みながら指でページをめくる楽しさなど、感覚的に紙の本が好きです。

夏休み中に本の世界にたっぷりと浸ってほしいと思います。

〔第２１４１号：二〇一四年七月一九日〕

5 百聞してこその一見

「百聞は一見に如《し》かず」ということばを聞いたことがあるでしょう。

「百聞」は「多くの人から聞く」、「一見」は「一度でも自分の目で見る」、「如かず」は「及ばない」「かなわない」といった意味ですから、「ある事について知ろうとするとき、それについて多くの人から聞くよりも、たった一度でも自分の目で見た方がよくわかる」という意味になります。

でも、本当にそうでしょうか。予備知識がなくても、一目見ればわかるでしょうか。なかには、一目見ればわかることもあるでしょうが、何事も一目見てわかることばかりではなさそうです。

福澤先生がお書きになった本に『西洋事情』があります。福澤先生は、一八六〇年にアメリカを、一八六二年にイギリスやフランスなどヨーロッパの国々を訪れて、様々な文物を見てきました。帰国後、見聞した欧米の文化や文明を紹介する書として書かれたものが『西洋事情』です。学校や病院、新聞などのしくみがわかりやすく書かれています。なぜ、福澤先生は見学し、説明されただけで理解できたのでしょうか。それは、訪れる前に書物から多くの知識を得ていたからです。すなわち、「一見」する前に「百聞」していたのです。「百聞してこその一見」です。

一〇月八日（水）の夕方から宵《よい》にかけて、三年ぶりに日本で皆既月食が見られます。神秘的な現象を自分の目で見ることは貴重な体験ですが、予備知識なく見たのでは、「不思議だなあ。」「神秘的だったね。」で終わりかねません。

ぜひ、「百聞してこその一見」にしてほしいと思います。

〔第2145号：二〇一四年一〇月二日〕

6　月見とその名称

今年の「中秋の名月」は、二学期初日の九月八日の満月でした。台風の接近による雨天のために、残念ながら見ることができませんでした。その後も、まだ時期的に湿度が高く、澄みきった空とはいかず、夜空の月を観賞するには適していませんでした。

入学試験休み中の十一月七日が、二十四節気の一つの立冬であるとともに、満月です。朝晩はだいぶ気温が下がり、湿度も低いので、月を見るには適しているでしょう。

さて、今から千年ほど前の平安時代の日本人は、十五夜の満月だけでなく、十五夜前後の月も美しいと多くの人たちが眺《なが》めていたそうです。古くから日本人は月を眺めることが好きだったようです。

十三日目の月を「十三夜」
十四日目の月を「小望月《こもち》」
十五日目の月を「満月」あるいは「望月《もちづき》」
十六日目の月を「十六夜《いざよい》」
十七日目の月を「立待月《たちまち》」
十八日目の月を「居待月《い》」
十九日目の月を「寝待月《ね》」
二十日目の月を「更待月《ふけ》」

というように、満月の前後の月にも名前をつけて月見を楽しんでいました。

街灯もない千年前の平安時代の人々は、秋の夜空に昇る月の美しさを愛《め》でて日々楽しんでいたのでしょう。長閑《のどか》さと風情を感じます。

満月だけでなく、十三夜、小望月、十六夜、立待月、居待月、寝待月、更待月を眺めて、平安時代の人々の気分に浸《ひた》ってみませんか。

〔第２１４９号：二〇一四年一〇月二九日〕

7　読書は立ち止まって思索すること

二十一世紀が幕を開けた二〇〇一年、「過去二千年間で最大の発明はなにか」ということが話題に上《のぼ》りました。

さしずめ紙と印刷術（活版印刷術）は上位に位置づけられてよさそうです。紙と活版印刷術の発明は、その後のさらなる改良により安価な本の出版を可能にし、学校教育の普及と相俟《あいま》って、一般の人々の知性を大きく触発して高めました。

さらに時代を遡《さかのぼ》れば、文字の発明は特筆すべきものでしょう。日本語の文字表記は、漢字、ひらがな、カタカナの三種類によります。ひらがなもカタカナも、平安時代に漢字の一部を崩してできた日本固有の文字です。欧文に用いられる二十六文字のアルファベットより数が多いものの、ひらがな・カタカナは表音文字ですからそのままことばを表記できるという特性があります。さらに表意文字である漢字を使うことで、文章表現に広がりと深みが増します。

小刻みに分割された慌《あわ》ただしい日常生活にあって、文を読み、書くことは、立ち止まって思索する「時」を生み出します。立ち止まる「時」によって物事を正視し、思索することができます。

「仔馬」に掲載されている幼稚舎生の作文や日記を読んでいると、その文を書いた人それぞれに物事を正視し、思索している「思考の立ち止まり」が垣間見られてしばしば感心させられます。

今秋、幼稚舎生には読書による「思索の立ち止まり」を味わう「時」をぜひつくってほしいと思います。

〔第2151号：二〇一四年一一月一九日〕

8　五七調の日本の詩歌

一七日（土）に新年カルタ会が行われます。今年で四七回目となる幼稚舎の冬の風物詩の一つです。

「百人一首」は一般に「小倉百人一首」として知られています。これは、今からおよそ八〇〇年前、鎌倉時代の歌人である藤原定家が貴族や歌人たちの詠《よ》んだ短歌から優れた短歌や代表的な短歌を一人一首ずつ取り上げたものです。「小倉」とは、藤原定家が京都嵯峨《さが》の小倉山の別荘で屏風（襖《ふすま》）に書き写したことにちなんで付《ふ》されたものです。

留学した唐《とう》から帰国できずに唐でその生涯を閉じた阿倍仲麻呂が詠んだ短歌に、

天の原　ふりさけ見れば　春日なる
　三笠の山に　出でし月かも

があります。

短歌は五七五七七の三十一音《おん》で歌われた韻文《いんぶん》です。長歌もあります。五七を三回以上繰り返して最後を七音で終わるもので、万葉集に多く見られます。他に、五七七、五七七の旋頭歌《せどうか》や五七五七七と短歌の形式にさらに七音を加えた仏足石歌《ぶっそくせっか》があります。

これら全体を、漢字のみで歌った漢詩に対して、和歌《わか》といいます。しかし、短歌以外は馴染《なじ》みが薄く、今では和歌というと短歌を指すようになりました。

短歌、長歌、旋頭歌、仏足石歌といった日本独特の詩歌《しいか》には大きな特徴があります。五音と七音の組み合わせと、歌の最後を七音で終わるという形式です。他に、五七五の十七音で表現する俳句があります。

限られた音《おん》の中に自分の思いを込めた歌を作ってみませんか。

〔第2156号：二〇一五年一月一五日〕

9 「福澤諭吉ここにあり」の幻の歌詞

学習発表会が迫ってきました。毎年、一年生は『福澤諭吉ここにあり』を合唱します。二年生以上の幼稚舎生は、この歌を聴くと一年生のときに自尊館の舞台に立って歌った記憶が蘇《よみがえ》ることでしょう。

『福澤諭吉ここにあり』の作詞は佐藤春夫さん、作曲は信時潔《のぶときさよし》さんです。

作詞してくださった詩人の佐藤春夫さんは、作詞の経緯について、幼稚舎創立九〇周年の『仔馬』（第十六巻一号・昭和三九年五月一四日発行）で次のように述べておられます。

「…福澤先生のどういふところをどう歌ふべきだらうか。これは先《ま》ず小泉信三先生のお教へを願ふことにした。すると先生は、お前はどこを歌ふ気かと反問されたから、わたくしは上野の戦争をよそにして授業して居《お》られる先生はいかがでせうかと答へると、それだ、それが福澤伝のサワリだと仰言《おっしゃ》って詳しくそれに就《つ》いて語り、福翁自伝に因《よ》るべしとも教へられた。わたくしははじめ『福澤先生ここに在り』と題して先生の一生を四行四十節ばかりに歌った初稿から小泉先生の示教による部分だけを残し、推敲《すいこう》してやっと〆切《しめきり》の前日あたりにその任《にん》を果《はた》し得た。」

『福澤諭吉ここにあり』の歌詞は四行六節ですから、三十四節が幻《まぼろし》の歌詞となってしまいました。しかも佐藤さんは初稿を破棄《はき》してしまわれたそうです。あたかも、陶芸家が焼き上がった作品を窯《かま》から取り出し、意にそぐわないものを割ってしまうような心境だったのでしょう。

幻の三十四節で、佐藤春夫さんは福澤先生をどのように詠《うた》われたのでしょうか。

〔第2161号：二〇一五年一一月一八日〕

10　涅《でっ》して緇《くろ》まず

古典には、汲《く》めども尽《つ》きぬ深甚《しんじん》のことばや文があります。その最たるものの一つが『論語』です。その『論語』の「陽貨《ようか》」に、

「涅而不緇」

があります。

これは漢文、すなわち中国語の表記です。日本語では、「涅《でっ》して緇《くろ》まず」、あるいは、「涅すれど緇まず」と読み下します。

「涅」とは黒い土、「緇」とは黒い色のことで、「黒い土にまみれても、黒くならない」といった意味です。

意訳すれば、「環境がどんなに悪かろうとも、それに染まらない」ということです。その意味するところは、まさに福澤先生のおっしゃる「独立自尊」ではないでしょうか。

人はややもすると「付和雷同」し、「朱に交われば赤くな」りがちです。

すなわち、自分にしっかりとした考えや規範がないと、他人の言動に同調してしまったり、周りの人や環境に振り回されてしまったりするということです。

もちろん周囲の人への心遣いや思い遣りは必要ですが、あまり周りを気にしすぎると自分を損《そこ》ない兼《か》ねません。「和して同ぜず」で、周りの人と和やかに接しつつも、勢いにまかせて調子づくことなく、自分を見失わないように心掛けなければなりません。決して「同じて和せず」にならないことが肝心です。

「独立自尊」の人をめざす幼稚舎生には、「涅して緇まず」という強い心を育んでほしいと願っています。

〔第２１６５号：二〇一五年三月一九日〕

11　時間の無駄遣い

新しい年度、二〇一五（平成二七）年度が始まりました。三週間ほどの春休みを経《へ》ただけですが、学年が一つ上がりました。学年が上がったことを自覚することなく、前学年の気分のまま過ごすことのないよう気をつけてほしいと思います。

新しい学年の始まりにあたり、「時間の無駄遣い」について考えてみたいと思います。

『広辞苑』によれば、

むだ【無駄・徒】役に立たないこと。益のないこと。「—な出費」「努力が—になる」

むだづかい【無駄遣い・徒遣い】金銭などをむだにつかうこと。浪費。「税金を—する」「エネルギーの—」

と載っています。

ですから、ふつう「無駄遣い」というと主に「お金を無駄に遣うこと」をいいますが、時間を「益のないことに使う」という意味であえて「時間の無駄遣い」と表現しました。

「時間の無駄遣い」というと、どのようなことがそれに当たるでしょうか。

授業中、先生の話を聴かずにボーっとしていたり、ノートに悪戯書きをしていたりすることは、「授業時間の無駄遣い」、あるいは「学ぶ時間の無駄遣い」といえるでしょう。せっかくの学ぶ機会を自ら放棄するようなもので、まことにもったいなく、残念なことです。二度とその授業を受ける機会はなく、そこでの話も聴けません。

刻々と時は過ぎ、現在はすぐに過去のものとなってしまいます。つねに時間を有効に使っていると言い切れる人はいないでしょうが、時間の無駄遣いには気をつけたいものです。

〔第２１６９号：二〇一五年四月二〇日〕

12 当たり前

「当たり前」について考えてみましょう。

「当たり前」の語源を調べると、二つの説があります。

一つの説は、「当然」の当て字である「当前」が広まり、訓読されて「あたりまえ」になったというものです。

もう一つは、分配される分を意味する「分け前」、取り分を意味する「取り前」などと同じく、狩《か》りや漁《りょう》などの共同作業では一人当たりに分配される取り分を「当たり前」と言い、それを受け取るのは当然の権利であることから「当然」の意味を持つようになったとする説です。

普段私たちが生活している中に、「当たり前」と思えることはたくさんあります。

きれいな空気が吸えます。きれいで安全な水が飲めます。照明やテレビ、エア・コンディショナーなど家庭電化製品のスイッチを押せば照明がつき、機器が作動します。朝、昼、晩と三度の食事ができます。学校に通って勉強することができます。

こう考えてみると、じつに様々なことが「当たり前」なことになっています。でも、「当たり前」とすら感じていないこれらのことは、じつは「当たり前」のことではなく、とてもありがたいことなのです。

広く世界を見渡すと、きれいな空気が吸え、きれいで安全な水が飲め、スイッチを押せば家庭電化製品が動き、朝昼晩と三度の食事ができ、学校に通って勉強できることは、とても恵まれていることだと気づかされます。

日常の「当たり前」に感謝しながら過ごしてほしいと思います。

〔第２１７５号：二〇一五年六月一七日〕

13 説文解字《せつもんかいじ》 ―漢字の部首

四年国語の教科書上巻で「漢字の部首」を学びます。「部首」とは、漢字を分類する際に用いられる漢字の一部分です。一年で八〇字、二年で一六〇字、三年で二〇〇字を学んで数が増えてくるので、部首は漢和辞典や漢字字典で漢字を調べる際に手掛かりとなる漢字の分類方法の一つです。

漢字を初めて部首によって分類したのは、紀元一〇〇年に中国で編纂《へんさん》された『説文解字《せつもんかいじ》』だといわれています。現在の漢字字典の部首の立て方とはやや異なりますが、最古の部首別漢字字典としての価値は現代でも失われていないそうです。

さて、読み方や意味がわからない漢字を調べるとき、部首が手掛かりになります。

漢字の部首には、「ごんべん」「きへん」「さんずい」「くさかんむり」などおよそ二〇〇種類あります。

「読・詩・記」などの部首は「ごんべん」で、ことばや言語に関係する漢字であることを表します。「海・波・注」などの部首は「さんずい」で、水に関係している漢字です。それぞれの漢字の読みや意味から、なぜ「ごんべん」なのか、「さんずい」なのかがわかります。

でも、漢字の中にはどうしてその部首なのか、わかりにくい漢字もあります。例えば、「きめる」の「決」や「漢字」の「漢」です。なぜ「決」や「漢」は「さんずい」なのでしょう。一見、水とは関係なさそうに思えますが……。

そのわけは、みなさんが自分で調べてみてください。きっと（うーん、なるほど！）と思える解説が見つかることでしょう。

〔第2179号：二〇一五年七月一八日〕

14　挨拶《あいさつ》のことば

人は自分以外の人と関わって生きています。その人間関係において、潤滑油《じゅんかつゆ》のような働きをしているのが挨拶のことばです。中でも、感謝の気持ちを表す「ありがとう」と、謝罪の気持ちを表す「ごめんなさい」「すみません」は最も基本的な挨拶のことばでしょう。

『広辞苑』には、

ありがとう【有り難う】（アリガタクの音便。下の「ございます」「存じます」の略された形）

感謝の意をあらわす挨拶語。

とあります。

「有り難い」ことに慣れてしまうと、とかく人は「有り難い」と思う気持ちが希薄になり、「ありがとう」と言えなくなりがちです。学校に通え、朝昼晩きちんと食事ができ、きれいに洗濯された衣服を身につけられるのは、お父さんやお母さんのお蔭です。人はひとりでは生きられません。多くの人に支えられて生きているのです。

謝罪の気持ちを表すことばはもっと大切です。

ごめんなさい【御免なさい】①あやまち・非礼をわびる言葉。

すみません【済みません】「済まない」の丁寧語《ていねいご》。

すまない【済まない】（このままでは終わらない意から）相手に悪く、自分の気持ちが片づかない。申しわけない。謝罪や依頼《いらい》の時にいう。

しかも謝罪には感謝より決意や勇気が必要です。感謝や謝罪の気持ちは、思うだけでは相手に伝わりません。ことばや態度で表すことが必要です。

素直に「ありがとう」「ごめんなさい」と言える人であってほしいと思います。

〔第２１８３号：二〇一五年一〇月七日〕

15　ミトモナイ ―日葡辞書《にっぽ》から

一六世紀後半から一七世紀初期にかけて来日したカトリックの宣教師たちはキリスト教布教のために辞書を作成しました。『日葡辞書《にっぽじしょ》』がそれです。

『日葡辞書』には話しことばを中心に約三万二千の日本語がポルトガル語式のローマ字で表記され、アルファベット順に配列されています。さらに、一語ずつ、ポルトガル語によって語義などが解説されています。『日葡辞書』からは室町時代から安土桃山時代における中世日本語の音韻《おんいん》体系、個々の語の発音・意味内容・用法、当時よく使われた語句、当時の生活風俗などを知ることができ、『日葡辞書』は第一級の歴史的・文化的・言語学的資料といわれています。

一九八〇年にポルトガル語部分を現代日本語に翻訳した『邦訳日葡辞書』が岩波書店から出版されています。

"mitomonai"（「ミトモナイ」）という語を引くと、「見るのが嫌《いや》なこと」「見るに堪《た》えないこと」とあります。この言葉の元々は、「見とうもない」、すなわち「見たくもない」が変化したもので、「見苦しい」「外聞が悪い」といった意味の「みっともない」になったようです。

昼食後、口をモグモグしながらお盆を持って下膳口に歩いていく姿やズボンからワイシャツが出ている姿は、「見とうもない」――すなわち「見たくもない」――姿です。外見だけでなく、品のないことばや汚いことば遣いも「聞きたくもない」ものです。いずれも、「みっともない」ことです。

塾生、塾員である私たちは、「気品の泉源」を心して実践したいものです。

〈第２１８９号：二〇一五年一一月二五日〉

16　冬学《とうがく》・読書三余《さんよ》
―心に残る本との遭遇《そうぐう》

古い時代の中国に「冬学《とうがく》」なるものがあったそうです。白水社の『中国語辞典』には、「(文盲《もんもう》一掃のための農閑期を利用して開設する) 冬の業余《ぎょうよ》教育機関」と載っています。

農作業がひまな期間に農村の子どもたちを学ばせるための冬にだけ開かれる寺子屋のようなものだったのでしょう。

さらに中国では、読書にふさわしい季節も冬とされていました。本を読むのに好都合な「読書三余《さんよ》」という余暇《よか》があって、一年のうちでは冬、一日のうちでは夜、時のうちでは雨降りをいうそうです。ならば、冬の夜はまたとない好機ということになるでしょう。

読書は、本を読むことを通して豊かな言語力を育むのが目的の一つです。読書は受け身に見えて、実は脳をフル回転させる営みであるといいます。

二〇〇八年一〇月に放送されたＮＨＫ『病《やまい》の起源』というシリーズの「読字障害」(dyslexia《ディスレクシア》) という番組によると、目から入った文字は、視覚野を通って文字として識別され、三十九野《や》・四十野で音の情報へと変換され、言語野のブローカ野で初めて言葉の意味が理解されるそうです。脳には文字を読解して処理をする専門領域がないため、視覚・聴覚・感覚などの高度な情報処理を掌《つかさど》っている三十九野・四十野が代行しているのだそうです。ゆえに、読書は脳の高度な情報処理を促《うなが》す作業だということがわかります。

人との出会いは素敵ですが、書物との邂逅《かいこう》も捨てがたいものです。心に残る一冊に遭遇する冬休みであってほしいと願っています。

〔第２１９２号：二〇一五年一二月一六日〕

17 「五十音図」――隠された発音と表記

あめあがる　あさのあおぞら　あいうえお
で始まり、
わしいちわ　けわしいいわに　わいうえを　ん
で終わる童話作家濱田廣介《はまだひろすけ》の「あいうえおのうた」を知っていますか。五七五調の詩で、ひらがなの五十音を網羅《もうら》した覚えやすい歌です。

ところで、ひらがなの表記を示した五十音図を見て不思議に思ったことはありませんか。五十音といいながら、「ん」を数えても四十六音しかありません。なぜなのでしょう。

それは、や行い段のyiとえ段のyeがそれぞれあ行のい、えと同じで、わ行い段のwi、う段のwu、え段のweがそれぞれあ行のい、う、えと同じだからです。元々そうだったとすれば、「五十音」とは呼ばれなかったはずです。

調べたところ、平安時代末期頃から変化が起こり、中世前期以降だんだんと現代のような発音になってきたようです。

では、変化する以前はどのように発音していたのでしょうか。や行ですから、yiイィ、yeイェ、わ行ですからwiウィ、wuウゥ、weウェだったはずです。それが千年ほどの間にあ行のい、う、えに替わったということです。

昭和二十年以前、Whiskyを「ウヰスキー」と表していました。「ヰ」はwiウィのカタカナ表記で、ひらがなは「ゐ」と書き表していました。

五十音図には、現在使われているひらがなの表記と発音の隠《かく》された歴史的変遷《へんせん》が潜《ひそ》んでいたのです。

〔第2196号：二〇一六年二月三日〕

18　受信の仕方　―高校時代の経験から

人はその生涯のうちにいったい何人の人と出会うのでしょうか。もちろん人によって多い少ないはあるでしょうが、大きな影響を受けた人となるとそれほど多くはないでしょう。

私自身のことで思い返してみると、「今の自分があるのはあの方のお蔭《かげ》」といえる人が数人います。その中の一人が、高校時代の数学のI先生です。

私がI先生と出会ったのは、高校二年のときです。三角関数や微積分などが始まり、難易度が上がってきた頃です。I先生はかなり年配の男の先生でした。毎回、黒板に向かって板書しながら淡々と説明をするのですが、なにしろ声が小さいのです。私の席は後ろの方でしたから、なおさら聴きづらい。（全く分からない。どうしよう。）という焦《あせ》りで、血の気が失せていくような恐れを覚えたものです。

考えた末に出した結論は、（自分で勉強するしかない。）というものでした。

始めのうちは五里霧中で試行錯誤の連続でしたが、徐々に理解が深まっていきました。それに従って試験の点も上がり、成績も上昇し始めました。そうなると、数学の勉強が面白くなり、約四五〇人の学年の中で常に最上位に入れるようになりました。

私の同級生たちにとってI先生の印象は良くありませんが、私にとってI先生は数学への芽吹《めぶ》きを促してくれた大恩人です。

おとなになって思うことは、授業での先生の教え方（発信）はもちろん重要ですが、児童・生徒の受信の仕方はさらに重要だということです。

〔第2202号：二〇一六年三月一八日〕

19　琴線に触れる　―心の弦楽器

「琴線に触れる」ということばを聞いたことがありますか。「良いものや素晴らしいものに触れて感銘を受けること」という意味です。

「琴線」とは、

1琴《こと》の糸。

2心の奥深くにある、物事に感動・共鳴しやすい感情を琴の糸にたとえていった語。「心の琴線に触れる言葉」

〔補説〕2は、「琴線に触れる」で成句となり、良いものに感銘を受ける意で使う。不愉快になる意で用いるのは誤用で、その意味では「気に障《さわ》る」「癪《しゃく》に障る」などの表現がある。

と辞書に載っています。

文化庁が発表した平成十九年度「国語に関する世論調査」では、本来の意味とされる「感動や共鳴を与えること」で使う人が37・8%、本来の意味ではない「怒《いか》りを買ってしまうこと」で使う人が35・6%という結果が出ています。

心の中に弦楽器があるという発想は、とても素敵です。その弦が、ときどき共鳴し合うのです。響く音色は、琴の音とは限らないかもしれません。

中国では、ピアノのことを鋼琴《こうきん》、バイオリンのことを小提琴《しょうていきん》というそうです。日本でも、明治のころはピアノを洋琴、オルガンを風琴と呼んでいました。

「琴線に触れる」を英語では、touch the chordというそうです。chordは弦のことですから、日本語文とほぼ同じです。洋の東西を問わず、心に弦楽器を持っている人がいるということでしょう。

あなたの心の弦楽器は、どんな音色で共鳴してくれますか。

〔第2207号：二〇一六年五月一八日〕

20　栞《しおり》 ―「ことばの森」への道しるべ

あまりなじみのない字ですが、「栞」という漢字があります。「しおり」と読みます。『広辞苑』には、

しおり【栞】（「枝折」から転じて）①案内。手引き。入門書。「入学の―」②読みかけの書物の間にはさんで目印とするもの。古くは木片・竹片などでも作った。

と載っています。

さらに調べると、「枝折」の語源は「しなわせる」「たわめる」という意味の「撓《たわ》める」や「萎《なえ》る」で、「枝折」はその当て字であることがわかります。

さらに、「枝折《しお》る」は枝を折って道しるべにしたことが語源だそうです。

吉野山　去年《こぞ》のしをりの　道かへて
まだ見ぬかたの　花をたづねむ

これは『新古今和歌集』巻第一（春上）0086に収められている西行の詩歌です。

「吉野山で、去年道しるべに枝を折って歩いた道を変えて、今年はまだ見ていない方面の花を訪ねてみよう」と詠ったものです。

白川静博士の『字統』には、「栞」は「幵《けん》と木に従う」会意文字で、「木の枝を細く刊《けず》って道しるべとすること」とあります。

読書の際の栞が一般的になったのは江戸時代になってからのことで、それまでは夾算《きょうさん》と呼ばれる薄く削った木や竹を使っていたそうです。

本を果てしない「ことばの森」にたとえれば、「栞」ということばを読書するときの目印に置き換えたのも頷《うなず》けます。栞とともに「本の森」ともいえる図書室を訪ねて、「ことばの森」である本の世界に分け入ってみませんか。

〔第２２１１号：二〇一六年六月一五日〕

21 紅一点 ―人と違う個性を大切に

「万緑叢中紅一点　動人春色不須多」

これは十一世紀北宋《ほくそう》の政治家・詩人、王安石《おうあんせき》の詩（異説もある）です。

「万緑《ばんりょく》の叢中《そうちゅう》　紅一点、人を動かすに　春色須《すべから》く多かるべからず」

と読み下し、

「一面の緑の中に一輪紅《あか》い花が咲いている。人を感動させる春景色はなにも量が多い必要はない」

という意味です。

緑一色の中、一輪の赤い花が一際《ひときわ》目立つことから、日本では明治以降、多くのものの中で一つだけ異彩《いさい》を放つものをさして「紅一点」というようになったそうです。男性ばかりの中に女性がひとり交ざっていることとは限らなかったわけです。

ところで、この万緑の中の赤い一輪の花とは何の花なのでしょう。この詩の題名は「詠石榴詩《えいざくろし》」といいますから、石榴を詠《えい》ずる詩なのです。

植物図鑑で調べると、たしかに石榴の花は鮮《あざ》やかな赤色です。でも、花が咲くのは春というより初夏のようです。

石榴に限らず、人を感動させるには、たったひとつ、違う色があればいいのです。

あなたの人と違うところは、もしかすると異彩を放つ「石榴の花」かもしれません。人それぞれに備わっている個性を大切にし、伸ばしてほしいと思います。

〔第２２１３号：二〇一六年六月二九日〕

22　津 ―「シン」と「つ」

日常生活において現代日本語を書き表す場合に使用する目安として日本政府より選定された漢字が、常用漢字です。現在は二一三六字（二〇一〇年）が選定されています。

その常用漢字表の本表には、音読みだけの漢字が八二〇字、訓読みだけの漢字が七七字、音読み・訓読みともに備わっている漢字が一二三九字あります。

その中の一つに、「津」があります。「津」には、「シン」という音読みと「つ」という訓読みがあります。

「津」を「つ」と読めば、

【津】「つ」①船舶の碇泊《ていはく》する所。ふなつき。港。②わたしば。渡船場。③人の集まる所。

という意味です。

その熟語の一つとして、

【津津浦浦】「つず（づ）うらうら」いたるところの津や浦。あまねく全国。つつうらうら。

と載っており、全国という意味で使われるようになったことがわかります。

では、「津」を「シン」と読めばどうでしょう。

【津】「しん」①つ。みなと。②しる。つば。③うるおうさま。あふれるさま。「興味―々」

と載っています。

「津」には、唾《つば》という意味もあることがわかります。「津々」は唾が次々と湧き出てくる様子を表し、「興味津々」といえば唾が湧くように次々と興味が湧いてくることです。緊張して「固唾《かたず》」を呑《の》んだり、ほしい物や食べたい物を見て「生唾《なまつば》」を飲んだりと、唾も心の状態を表すことがわかります。

意識せずとも興味が湧いてくることの中に、本当に打ち込めることがあるかもしれません。

〔第２２１６号：二〇一六年七月二〇日〕

23　躾《しつけ》―美意識が薫る国字

中国から伝わった漢字とは別に、日本で作られた漢字があります。国字《こくじ》といいます。「働く」や「峠」、「畑」、「辻」などがそうです。

漢字の起源は、中国殷《いん》朝の第二二代王である高宗武丁《ぶてい》のころといわれますから、今から三千年以上も前ということになります。

四世紀以降、朝鮮半島を経由して、仏教の経典や中国の律令制度を記した書籍などを通して数多くの漢字が日本に入ってきました。

そうした中で、日本人が国字を作り出した背景には、古来の日本語（和語あるいは大和ことばという）と符合する漢字がなかったからではないかと考えられます。

国字の一つに「身を美しく」と書く「躾《しつけ》」があります。もとは、「仕付く《しつ》」と仏教の「習気《じっけ》」が合わさってできたことばだそうです。

『大辞林』には、

【仕付く】何度もやってなれている。しなれる。

【習気】【じっけ】〔仏〕煩悩《ぼんのう》が心に残す影響。

〔しゅうき〕身についたならわし。習慣。

と載っています。

何度も繰り返しているうちに、意識することなく身についた言葉遣いや立ち居振る舞いなどが、人としての美醜《びしゅう》を決めることになるのです。そして、その大切さを教えるのが躾なのでしょう。

「躾」は、昔の日本人の美意識が薫る、素敵な国字といえます。

人としての美しさは、生まれ持った姿かたちではなく、躾によって身につくものであるということでしょう。

〔第2224号：二〇一六年一〇月二六日〕

24　絆《きずな》　―自由だからこそ強い心の絆

毎年十二月中旬に京都清水寺の奥の院舞台で貫主《かんす》が揮毫《きごう》する「今年の漢字」は、その年の日本の世相を反映する一つの指標として定着し、年末の風物詩の一つとなっています。一九九五（平成七）年から始まったということで、昨年の暮れで二一回を数えます。五年前の二〇一一（平成二三）年の漢字は「絆《きずな》」でした。東日本大震災で多くの人々が犠牲になり、家族や友といった身近でかけがえのない人に対する絆を改めて感じたからでしょう。

絆とは「断ち難い人と人の結びつき」のことです。もとは「馬や犬、鷹など家畜を通りがかりの立木や杭《くい》につなぎとめる綱」（『広辞苑』）のことで「木《き》綱《づな》」「騎綱《きづな》」などと表記していたそうですが、いつのまにか「きずな」になったようです。

「絆」は「繋《つな》ぎ止める」という意味の漢字で、「情に絆《ほだ》される」というと「情に引きつけられて心や行動の自由を縛《しば》られる」という意味ですから、思うようにいかない束縛されたイメージの強いことばだったようです。

でも、太い綱でしっかりと木に結びつけられている馬と、綱で結びつけられていないのに傍《そば》から離れようとしない馬がいるとしたら、飼い主との心の絆はどちらの方が強いでしょうか。

心の絆、それは、目に見える形にしようとすればするほど弱くなっていくものかもしれません。自由だからこそ、強い絆を結ぶことができるのではないでしょうか。

子育てや教育においても、規則や規範という「綱」で結びつけるのではなく、「信頼」という心の絆を結んでいくことがなにより大切でしょう。

〔第2228号：二〇一六年一月七日〕

25　感想戦　―テストのやり直しのすすめ

棋聖戦《きせいせん》や棋王戦《きおう》、王将戦などプロ棋士の対局では、勝敗が決してもそこで終わりではありません。棋士は、対局後まもなく棋譜《きふ》を振り返り、勝負をおさらいする「感想戦」に臨みます。「感想戦」とは、対局後に開始から終局まで、またはその一部を再現し、対局中の着手の善し悪しやその局面における最善手などを検討することです。対局の再現が必要となるため、棋譜を記録するか、記憶しておく必要があります。プロの棋士は、たいていその対局の棋譜をすべて記憶しているそうです。感想戦を行うことによって、一局を客観的に見直すことができ、棋力の向上につなげるのです。

翻《ひるがえ》って、この「感想戦」を、日々学習してテストを受けている幼稚舎生の立場で考えてみましょう。

テストを返された後、どうしていますか。点数を見ただけで、そのままにしていませんか。間違えた計算や漢字をそのままにしておくと、また同じ間違いをしてしまうかもしれません。さらに、解けなかった文章題は、いつまでたっても解けないままでしょう。テストはその時の自分の学力を表しています。間違いや解けなかった問題をできるようにしなければ、学力は向上しません。間違いや解けなかった問題ができるようになってこそ、学んだことが生きます。

テストを返された後に自ら「感想戦」ができるか否《いな》かが、自分の学力を高められるかどうかの分かれ道です。返されたテストの「感想戦」をして、自ら学力を獲得してほしいと願っています。

〔第2229号：二〇一六年一一月二〇日〕

26　ルーティン　―気持ちを高める所作《しょさ》

「創造的に活動するには型にはまった所作《しょさ》が助けになる」とは逆説的な言い方ですが、一つの真理といえます。

ラグビー・ワールドカップ二〇一五・イングランド大会で大活躍した五郎丸歩《あゆむ》選手のキック前の「合掌《がっしょう》ポーズ」で一躍脚光を浴びたのが「ルーティン」です。「ルーティン」(routine) とは、「決まった手順」や「お決まりの所作」という意味です。

一連の決まった手順といえば、野球のイチロー選手の所作が有名です。研究者によれば、ネクスト・バッターズ・サークルからバッター・ボックスに入り、静止して構えるまでに、イチロー選手はなんと十七種類にも及ぶパフォーマンス・ルーティンを行っているそうです。しかも、そのルーティン動作がとてもゆっくりしているという特徴があるといいます。

スポーツ競技者の中には、イチロー選手のほかにも多くの人がなんらかのルーティンを行っており、自分のパフォーマンス (performance：実績、成果などという意味) の向上に役立てているそうです。

翻《ひるがえ》って幼稚舎での日常生活を見てみると、毎朝校庭に全員が集まって、月曜日にラジオ体操、火曜日に朝礼、水曜日に歌、木曜日にラジオ体操、金曜日に朝礼を行っています。一日の学校生活の始まりのルーティンです。私の授業の始めと終わりには挨拶《あいさつ》をします。始めの挨拶は、これから勉強を始めるというルーティンです。

皆さんも、気持ちを切り替え、集中するための自分流のルーティンを考えるのもいいかもしれません。

〔第2236号：二〇一七年二月二二日〕

27　薫陶《くんとう》――香《かお》りが浸《し》み込むような教育

熟語には、それを構成している漢字から、自ずと意味がわかるものと、わかりにくいものがあります。

例えば、「教導」は「教え導く」と読み下せば自ずと意味がわかります。実際に『大辞林』には、「人々を教え導くこと」と載っています。

では、「薫陶《くんとう》」はどうでしょう。「薫《かお》る陶器」、あるいは「香《かお》りを薫《くゆ》らせた陶器」という意味でしょうか。

『大辞林』には、確かに「〔香《こう》をたいてかおりをしみこませ、土をこねて形を整え陶器を作る意から〕人徳・品位などで人を感化し、よい方に導くこと」と載っています。

「感化」とは、「考え方や行動に影響を与えて、自然にそれを変えさせること」ですから、「薫陶」とは、強引に押しつけてやらせるのではなく、香りが自然と移っていくがごとく師の徳や品格が弟子に染み込んでいく様《さま》を言い表した言葉なのでしょう。まさに理想的な人の育成法といえましょう。

晩年、福澤先生は「似我《じが》」ということばをたびたび使っておられました。意味は字のごとく「我《われ》に似《に》よ」です。福澤先生の謦咳《けいがい》に接し、薫陶を受けた教え子たちの中から明治期に活躍した多くの人材が育ちました。

漢学の素養が高く、洋学を広く身につけた、まさに和魂洋才の人であった福澤先生の足元に及ばずとも、子の親や教師も幼稚舎生を自然と薫陶できるような徳や品格を備えるべく努めていきたいものです。

〔第2239号：二〇一七年三月一七日〕

28　初心　―「ショシン」と「ういごころ」

四月になって学年が一つ上がり、四十日ほど経ちました。新しい学年の始まりにあたって、「この学年では〜しよう」と決意した人もいるでしょう。

「初心」を「しょしん」と読めば、「はじめに思い立った決心」のことをいいます。新しい学年の初めに志したその初心を忘れずに、この一年を過ごしてほしいと思います。

ところで、「初心」にはもう一つ読み方があります。「初」には「ショ」という音読みの他に「初《はつ》詣《もうで》」の「はつ」、「初陣《ういじん》」の「うい」、「書初《かきぞ》め」の「そめる」のほかに、「初湯《うぶゆ》」の「うぶ」という訓読みもあります。

「心」も「シン」という音読みのほかに、「こころ」という訓読みもあります。

「うぶ」には「世間ずれしていないこと」という意味があり、「ういごころ」とは「穢《けが》れのない心」のことをいいます。

「うい」や「うぶ」の語源は、どちらも「生み」、「産む」という生命の誕生に由来することばです。

実際に「生まれること」は誰も一生に一度のことですが、心臓と神経以外の細胞は一年の間にすべて生まれ変わってしまうそうです。そうであれば、人は毎日、ささやかな生まれ変わりを繰り返していることになります。

生まれたばかりのまっさらな心で見れば、見えなかったものや見逃していたもの、見失っていたものが見えるかもしれません。

「初心忘るべからず」という諺《ことわざ》があるように「初心」を忘れてはいけませんが、「穢れていない心」である「ういごころ」も大切にしたいものです。

〔第2244号：二〇一七年五月一七日〕

29　墨子の「義」を通して

―誰が見ていなくとも

中国の戦国時代に「義《ぎ》」（儒教の教えの一つで、正しい行いを守ること）を説いていた墨子《ぼくし》に、ある王が言いました。

「戦乱の世に義を説き続けているあなたは、狂人と変わらない。」

すると墨子は、

「王がいる時にはよく働くが、王がいないと働かない臣《しん》と、王がいてもいなくてもよく働く臣がいます。王よ、あなたはどちらの臣を選びますか。」

とその王に問いました。

王は、

「もちろん、私がいてもいなくてもきちんと働く臣を選ぶ。」と答えました。

すかさず墨子は、

「では、あなたも狂人と変わらない。」と言ったといいます。

さて、この逸話《いつわ》を聞いて、幼稚舎生の皆さんはどう思いますか。自分が王様だったら、どちらの臣を選びますか。きっと、王がいてもいなくても働く臣を選ぶことでしょう。

これを、幼稚舎生に置き換えて考えるとどうでしょうか。

朝の体操のとき、八百数十人の中で自分一人ぐらいいいかげんな体操をしても衆《しゅう》に紛《まぎ》れてわからないだろうと思っている人はいませんか。

授業中、先生にみつからなければ、先生の話を聴かずに隣の人とこそこそおしゃべりしたり、ノートにいたずら書きしたりということはありませんか。

誰が見ていなくとも、自ら気づいて、しっかり「義」を通せる人になってほしいと思います。

〔第2253号：二〇一七年七月二〇日〕

30　挨拶《あいさつ》 ―自分磨《みが》きの第一歩

「おはようございます」という朝の挨拶《あいさつ》で新たな一日が始まります。

「挨拶」とは、「人と会ったり別れたりするとき、儀礼的に取り交わすことばや動作」のことです。

「挨拶」の「挨」も「拶」もともに「押す」「迫《せま》る」という意味があり、「複数で押し合う」という意味を表す語です。

仏教の一つの宗派である禅宗では、「一挨一拶《いちあいいっさつ》」といって、「師僧《しそう》が門下の僧に問答《もんどう》して、その悟《さと》りや知見の深浅《しんせん》を試みる」のだといいます。これが「挨拶」の由来です。真剣な問答を繰り返すことによって、己《おのれ》の未熟さを知り、また修行に励んだのでしょう。

私たちが日常交わしている挨拶は、禅宗の真《しん》に迫るような問答ではありませんが、人と人の気持ちを結ぶ不思議な力があります。

「おはようございます」「こんにちは」「さようなら」「おやすみなさい」「いただきます」「ごちそうさま」…。

それぞれに、相手をねぎらったり、気遣《きづか》ったり、無事を祈ったり、感謝したりする気持ちが込められています。

これらの挨拶のことばがさらりと言えるようになってほしいと願っています。

さらに、「ありがとう」という感謝のことばと、「ごめんなさい」という謝罪《しゃざい》のことばが素直《すなお》に言えることは、人としての基本です。

挨拶ができている人はさらに明るく、できていない人はできるように意識しましょう。

打てば響くように交わす挨拶は、自分磨きの第一歩です。

〔第2259号：二〇一七年一〇月一一日〕

31　外来語の和訳にみる時代の違い

一八五三（嘉永《かえい》六）年にペリーの黒船が来航してから後、英語だけでなく様々な外国語が急激に日本に入ってきました。当時の日本人はそれらの外来語を絶妙な漢語に造語してきました。例えば、'newspaper'を「新聞」、'railroad'を「鉄道」と意訳して、新たな日本語が急速に増えました。

ところが、それよりも三百年以上も前にすでに日本に入ってきていた欧米言語がありました。ポルトガル語です。

日本史の記録上、日本に初めてやってきた西洋人は、一五四三年種子島に漂着したポルトガル人です。以来、日本にはポルトガルのほか、イスパニア（英語 Spain《スペイン》のスペイン語による呼称）の商船が来るようになり、十六世紀半ばから十七世紀初期にかけて南蛮貿易が盛んになりました。貿易に伴ってポルトガルやイスパニアの様々な文物が日本に入ってきました。

・テンプラ：天麩羅、天婦羅、tempero
・ブランコ：balanco　・ビスケット：biscoito
・ボタン：釦、botao　・キャラメル：caramelo
・カルタ：carta　・カステラ：castelo
・コップ：copo　・シャボン：石鹸《せっけん》、sabao

などがポルトガル語由来の日本語で、ポルトガル文化の痕跡《こんせき》がかたちを変えてしっかり日本の文化の中にとけ込んでいます。

一見してわかるように、片仮名表記が多く、漢字表記も音の似た当て字表記がほとんどです。

そう考えると、明治の日本人は外国語の意を汲《く》んで新しい漢語を創《つく》るべく知恵を絞《しぼ》っていたことが窺《うかが》えます。

〔第2265号：二〇一七年一二月六日〕

32　丁寧《ていねい》　―心に「丁寧」という楽器を

「丁寧《ていねい》なことば遣い」とか、「字を丁寧に書く」など、「丁寧」という語は日常でもよく使われます。

「丁寧」とは、

「細かいところまで気を配ること」

「注意深く念入りであること」

「言動が礼儀正しく、心がこもっていること」

などという意味です。

さらに「丁寧」を調べてみると、その語源の意外さに驚きます。

もともと「丁寧」とは、金属製の打楽器の名だというのです。古代中国の軍で、警戒や注意を知らせるために鳴らす打楽器を「丁寧」といったそうです。これが全軍になかなかうまく伝わらず、何度も念を入れて鳴らしたことから、「鐘《かね》」や「鉦《しょう》」の一種である「丁寧」が楽器の名のみにとどまらず、細かいところまで行き届いていること、注意深くすることを意味するようになり、さらに礼儀正しく手厚いことも意味するようになったそうです。

語源のあまりの意外さに驚くばかりです。

今では軍とも戦争ともゆかりのない「丁寧」ですが、字を乱雑に書いたり、乱暴な、あるいは品のないことばを遣ったりしたときに、心の中の「丁寧」が警告を発したり、注意を促《うなが》したりしてくれるとありがたいですね。

自分固有の「丁寧」という打楽器を心に据《す》えて、戒《いまし》めに用いたいものです。

あなたの心の中にある「丁寧」は、どのような音色を奏《かな》でて注意を促してくれるのでしょうか。

〔第2271号：二〇一八年二月七日〕

33 「一日《ついたち》」の読みとその由来

「日本語において漢字からなる単語に、単字単位ではなく、熟字単位で訓読み（訓）を当てたもの」を「熟字訓」といいます。単字に分解してもそれぞれに熟字訓の要素が現れず、その読み方でも分節不可能なものがほとんどです。

月の第一日である「一日」を「ついたち」と読むのもそのひとつです。「一日」は「つ-いたち」でもなければ、「つい-たち」でも「ついた-ち」でもなく、全体で「ついたち」です。

「二日《ふつか》」以降「十日《とおか》」まで、「ふた」「み」「よ」…と、和語（大和ことば）の数詞に助数詞の「日」をつけて読むのに対して、「一日」は「ひとか」とは読まず、「ついたち」と読みます。なぜでしょう。

日本の暦は、明治五年（一八七二年）の改暦で太陽暦に変わるまで太陰暦でした。

太陰暦は月の満ち欠けの周期を基にした暦法で、その周期を朔望月《さくぼうづき》といい、一朔望月を一月《ひとつき》とします。「朔《さく》」は、現代的な定義での「新月」と同義です。朔の瞬間を含む日を朔日といい、朔日を月の始まる日、つまり一日としました。月の始まり、「月立ち」が転じて「ついたち」というため、「朔日」を「ついたち」と訓読みし、「朔」だけでも「ついたち」と読みます。さらに月の第一日である「一日」も「ついたち」と読むようになったということです。「一日」には同じ意味で「いっぴ」という読み方もあります。

熟字訓にはその熟語表記と読みに固有の由来があり、興味をそそられます。

〔第22274号：二〇一八年二月二八日〕

34　「読み書き算盤《そろばん》」といわれた理由

ローマ数字は古代ローマで使われていた数字で、その後ヨーロッパで広く長く使われていました。1、2、3…という算用数字がヨーロッパで使われるようになったのは、インド数字が他の記数法よりも優れていることをイタリア・ピサの商人レオナルド・フィボナッチが見出して一二〇二年に『算盤の書』という筆算の解説書を出してからといわれています。

インド数字はローマ数字よりもはるかに古く、世界の四大文明の一つであるインダス文明で使われていた数字です。他の文明の数字がある一定の数ごとにまとめて別の印を使って一つ上の桁《けた》を表す「桁記号記数法」であったのに対して、インドの数字は0の発見と発明によって十進数の「位取り記数法」でした。そのため、加法、減法のみならず、乗法、除法も筆算することができました。

ちなみに125×34を、漢字の百二十五×三十四、ローマ数字のCXXV×XXXIVで計算してみてください。インド数字の記数法と筆算が優《すぐ》れていることがわかります。

では、巨大な闘技場であるコロッセオや長大な水道橋などの建造物を建設したほどのローマ人はどのようにして計算していたのでしょうか。

それは、大理石の盤《ばん》に溝《みぞ》を刻《きざ》み、そこに玉を並べた計算具〔abacus《アバクス》〕で計算していたのです。

中国では玉が落ちないように改良して算盤《そろばん》となり、日本に伝わりました。

筆算の形式が現在使われているような形に完成するのは一五世紀以降だそうです。

「読み書き計算」と言わずに、「読み書き算盤」といっていたのも頷《うなず》けます。

〔第２２７６号：二〇一八年三月一九日〕

【第二部・第三部：参考文献・資料】

・南　鶴溪、『文字に聞く』、二〇〇一年、毎日新聞社
・K．メニンガー、内林政夫訳、『図説　数の文化史―世界の数字と計算法―』、二〇〇一年、八坂書房
・守屋　洋、『中国古典「一日一話」』、二〇〇四年、三笠書房
・仲田紀夫、『マンガおはなし数学史』（ブルーバックスB１３１２）、二〇〇四年、講談社
・山下景子、『美人の日本語』、二〇〇五年、幻冬舎
・白川　静監修、山本史也『神さまがくれた漢字たち』、二〇一〇年、理論社
・多田富雄、『落葉隻語　ことばのかたみ』、二〇一〇年、青土社
そのほか、朝日新聞「天声人語」、読売新聞「編集手帳」など日刊新聞の朝刊コラム記事、ウィキペディアなどのインターネット検索情報

著 者 紹 介

大島　誠一（おおしま　せいいち）

元慶應義塾幼稚舎教諭。

1975年３月東京学芸大学教育学部Ａ類数学科卒業，1977年３月同大学院教育学研究科修了（教育学修士）。

1977年４月より学級担任として６クラスを担任。2012年４月より主事（教頭職），2014年４月より舎長（校長職）を務める。2017年11月慶應義塾より「義塾賞」を，2018年４月慶應義塾より「名誉教諭」称号を授与される。

著書に，「子どもの喜ぶ算数クイズ＆パズル＆ゲーム」〔共著〕（黎明書房），「楽しい算数クイズ＆パズル＆ゲーム」〔共著〕（黎明書房），「はじめてのかずあそびえほん」〔監修〕（ピエ・ブックス）

しまのいずみ―仔馬たちの独立自尊法を探って

2020年３月20日　　初版第１刷発行

著　　者　大島　誠一
発 行 者　大坪　克行
発 行 所　株式会社　泉　文　堂
〒161－0033　東京都新宿区下落合１－２－16
電話 03－3951－9610　FAX 03－3951－6830

印 刷 所　株式会社　技秀堂
製 本 所　牧製本印刷株式会社

ISBN 978－4－7930－0622－7　C0037